北京旅游发展研究基地标志性成果

全国旅游专业规划教材

旅游消费者心理与行为

TOURISM CONSUMER PSYCHOLOGY AND BEHAVIOR

薛欣　雷铭　编著

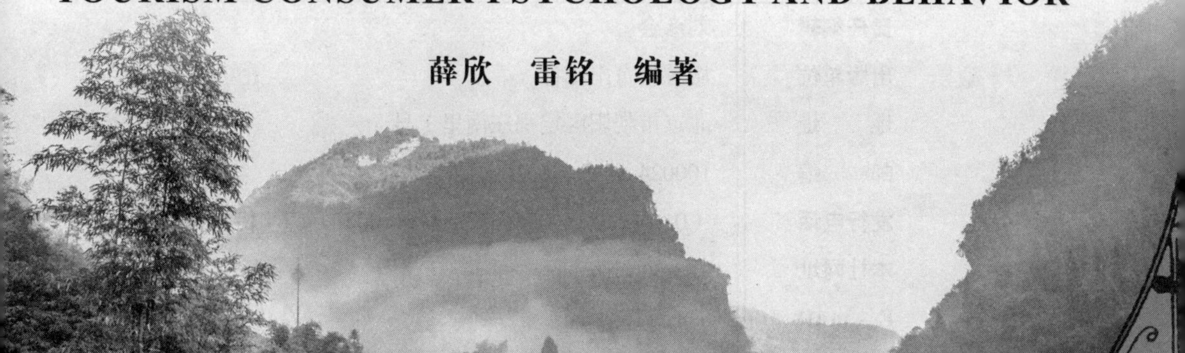

北京·旅游教育出版社

图书在版编目（CIP）数据

旅游消费者心理与行为 / 薛欣, 雷铭编著. -- 北京：旅游教育出版社, 2021.12
全国旅游专业规划教材
ISBN 978-7-5637-4203-5

Ⅰ. ①旅… Ⅱ. ①薛… ②雷… Ⅲ. ①旅游消费－消费心理学－高等职业教育－教材②旅游消费－行为分析－高等职业教育－教材 Ⅳ. ①F590.8②F713.55

中国版本图书馆CIP数据核字(2020)第267928号

全国旅游专业规划教材
旅游消费者心理与行为
薛欣 雷铭 编著

责任编辑	刘彦会
出版单位	旅游教育出版社
地　　址	北京市朝阳区定福庄南里1号
邮　　编	100024
发行电话	（010）65778403　65728372　65767462（传真）
本社网址	www.tepcb.com
E - mail	tepfx@163.com
排版单位	北京旅教文化传播有限公司
印刷单位	三河市灵山芝兰印刷有限公司
经销单位	新华书店
开　　本	720毫米×960毫米　1/16
印　　张	8.25
字　　数	121千字
版　　次	2021年12月第1版
印　　次	2021年12月第1次印刷
定　　价	29.00元

（图书如有装订差错请与发行部联系）

前 言

随着中国经济的快速发展、人民生活水平的普遍提高和人口流动性的增加，中国已成为世界上旅游消费增长较快的国家之一。中国正处于大众旅游时代，是世界上拥有国内游客数量最多的国家。旅游在人们生活中的地位日益重要，旅游者日渐丰富的旅行经验，让他们不仅重视旅游目的地和旅游设施设备，而且越来越重视服务质量和旅游体验。因此，旅游服务行业必须从消费者需求和行为变化的角度出发，了解旅游消费者的心理和行为特征，改善旅游管理和服务规范，以便更好地满足旅游者的消费需求，提高旅游者的旅游体验。

本书面向旅游管理和酒店管理专业，立足于旅游者消费的全过程，选取领域内的经典理论和最新研究成果，融合旅游消费实践中的具体实例，围绕着旅游者的消费心理与行为进行了较为系统的梳理和介绍。本书的第一章主要介绍了旅游心理与消费者行为学的基础理论和研究方法；本书的第二章至第九章主要介绍了影响旅游者消费心理与行为的个体因素，包括旅游者的需要与动机（第二章）、旅游者的知觉（第三章）、旅游者的学习（第四章）、旅游者的态度（第五章）、旅游者的人格（第六章）、旅游者的情绪（第七章）、旅游者的记忆（第八章）、旅游者的决策（第九章）；本书的第十章还介绍了影响旅游者消费心理与行为的社会因素。为了给读者提供更为清晰的框架，本书每一章开头列出了该章学习目标，在结尾处对本章重点进行了总结，并提供了思考与练习题便于读者巩固所学知识。

本书在撰写过程中，得到了北京第二外国语学院旅游科学学院教师们的大力支持，在此感谢谷慧敏院长、秦宇教授、张超教授、吕勤副教授、李朋波副教授、雷铭副教授、王俞博士、朱志胜副教授、武守强博士的大力支持、关心和鼓励。本书行文难免有所纰漏，敬请各位同人和读者批评指正，以便编者完善。

薛欣
2020 年 9 月

目 录

第一章　旅游心理与消费者行为的基础理论和研究方法 ………………… 1
　【学习目标】 ……………………………………………………………… 1
　第一节　旅游"三求心理"理论 ………………………………………… 1
　第二节　旅游者二元行为理论 …………………………………………… 6
　第三节　旅游心理与消费者行为学的研究方法 ………………………… 13
　本章小结 …………………………………………………………………… 18
　【思考与练习】 …………………………………………………………… 18

第二章　旅游者的需要与动机 ……………………………………………… 19
　【学习目标】 ……………………………………………………………… 19
　第一节　需要与动机 ……………………………………………………… 19
　第二节　旅游需要与旅游动机 …………………………………………… 22
　第三节　旅游消费者动机的经典理论 …………………………………… 27
　【本章小结】 ……………………………………………………………… 30
　【思考与练习】 …………………………………………………………… 30

第三章　旅游者的知觉 ……………………………………………………… 31
　【学习目标】 ……………………………………………………………… 31
　第一节　旅游者的感知觉 ………………………………………………… 31
　第二节　旅游过程中的社会知觉 ………………………………………… 35
　第三节　旅游者对旅游条件的知觉 ……………………………………… 39
　【本章小结】 ……………………………………………………………… 42
　【思考与练习】 …………………………………………………………… 42

第四章　旅游者的学习 ……………………………………………………… 43
　【学习目标】 ……………………………………………………………… 43
　第一节　学习概述 ………………………………………………………… 43
　第二节　学习理论 ………………………………………………………… 45
　第三节　旅游者学习的内容与途径 ……………………………………… 49
　第四节　成熟旅游者的表现 ……………………………………………… 53

【本章小结】 ………………………………………………… 55
　　【思考与练习】 ……………………………………………… 55
第五章　旅游者的态度 …………………………………………… 56
　　【学习目标】 ………………………………………………… 56
　　第一节　旅游者态度的概述 ………………………………… 56
　　第二节　旅游消费者态度与旅游决策 ……………………… 58
　　第三节　旅游消费者态度的形成与改变 …………………… 61
　　【本章小结】 ………………………………………………… 67
　　【思考与练习】 ……………………………………………… 68
第六章　旅游者的人格 …………………………………………… 69
　　【学习目标】 ………………………………………………… 69
　　第一节　人格概述 …………………………………………… 69
　　第二节　人格特征与旅游消费者行为 ……………………… 74
　　第三节　人格结构与旅游消费者行为 ……………………… 77
　　【本章小结】 ………………………………………………… 80
　　【思考与练习】 ……………………………………………… 81
第七章　旅游者的情绪 …………………………………………… 82
　　【学习目标】 ………………………………………………… 82
　　第一节　旅游者的情绪过程 ………………………………… 82
　　第二节　旅游者的意志心理过程 …………………………… 86
　　【本章小结】 ………………………………………………… 88
　　【思考与练习】 ……………………………………………… 88
第八章　旅游者的记忆 …………………………………………… 89
　　【学习目标】 ………………………………………………… 89
　　第一节　记忆概述 …………………………………………… 89
　　第二节　旅游地的记忆承载与旅游者体验 ………………… 93
　　【本章小结】 ………………………………………………… 96
　　【思考与练习】 ……………………………………………… 97
第九章　旅游者的决策 …………………………………………… 98
　　【学习目标】 ………………………………………………… 98
　　第一节　旅游决策概述 ……………………………………… 98
　　第二节　旅游消费者对目的地的选择 ……………………… 102
　　【本章小结】 ………………………………………………… 105
　　【思考与练习】 ……………………………………………… 106

第十章 社会因素与旅游消费者行为 …… 107
【学习目标】 …… 107
第一节 社会群体概述 …… 107
第二节 参照群体与旅游消费者行为 …… 110
第三节 社会阶层与旅游消费者行为 …… 113
第四节 文化与旅游消费者行为 …… 115
【本章小结】 …… 119
【思考与练习】 …… 120

参考文献 …… 121

第一章

旅游心理与消费者行为的基础理论和研究方法

【学习目标】
- 理解为什么研究旅游者心理应该"从研究人们的日常生活开始"
- 能够运用"三求心理"解释旅游者"为什么要旅游"
- 了解旅游者二元行为理论
- 了解旅游心理学研究的基本方法学和具体方法

第一节 旅游"三求心理"理论

从心理学角度来看旅游,可以把旅游理解为一种"特殊的生活方式"、一种"不同于人们日常生活的生活方式",或者说,旅游是一种"日常生活之外的生活"。人为什么要旅游,可以从分析旅游者的日常生活和日常生活之外的生活开始,进而了解旅游者旅游的深层次原因。

一、研究旅游者心理从研究人们的日常生活开始

美国学者小爱德华·梅奥和兰斯·贾维斯在《旅行心理学》一书中指出:对于"人们为什么要旅游?"这个问题的许多常见的答案往往显得很肤浅,因为它们没有触及人们为什么要旅游的较为深刻的原因。旅游者本人所陈述的旅游动机虽然能反映他们的内在需要,但这些内在的需要究竟是一些什么样的需要他们可能并不理解,可能还没有意识到,或者不愿意一语道破。梅奥和贾维斯的这一观点给予我们一种启示:旅游者用口头的或书面的形式表达的他们为什么要旅游、去什么地方旅游和喜欢什么样的旅游等并不能反映出其深刻的心理原因,要研究旅游者更为深层的心理需要就必须从研究人们的日常生活开始。

旅游者心理不是凭空产生的,旅游者之所以要过"日常生活之外的生活",

是因为现代人的日常生活中既有着"缺憾",也有着"不堪忍受的负担"。

(一)现代人的日常生活中所缺少的

首先,现代人的日常生活与他们的先辈相比,新鲜感是增加了还是减少了呢?答案是一方面增加了,另一方面也减少了。现代人生活在一个日新月异的繁华世界里,新鲜感当然与过去不可同日而语。但是梅奥和贾维斯在《旅行心理学》一书中指出:在美国人的日常生活中,"常规的程序和狂热的速度造成了一种单调的紧张"。弗洛姆在《爱的艺术》一书中更是描述了一种"身陷常规之网"的可悲境地:"他们全都按指派的方法,用指派的速度,执行着由整个组织机构指派的任务,甚至情感也是被指派的:快乐、容忍、可靠、雄心以及与人和谐相处的能力。虽然没有用很激烈的方法,但娱乐终究也是用相同的方法加以常规化了。图书是由读书俱乐部选择的;电影是由片主和影院主人选择的,而且广告宣传也是由他们出钱支付的;其余的活动也一样:星期天开车出游、看电视、打扑克、社交聚会。从生到死,从早到晚,从周一到周日所有的活动都常规化了,都预制好了。"这样的生活,是能够带给人们新鲜感的生活吗?所以,现代人的日常生活中的新鲜感也就越来越少了。

其次,现代人的日常生活中还缺少了亲切感。在《旅行心理学》中,梅奥和贾维斯介绍了马斯洛的"需要层次学说",之后紧接着指出:"大多数美国人的生理和安全需要一般能够得到满足,但对于许多人来说,爱的需要不能得到满足。"心理学家弗洛姆认为西方文化"是以购买欲为基础的,是以一种互利交换的观念为基础的。现代人的幸福体现在眼看商店橱窗时的那一阵心醉神迷的状态之中,也体现在他以现金或分期付款方式能够买下一切东西之时……人们甚至以一种同样的方式来看待人"。另一方面,高技术的普遍采用,给现代人的生活带来了许多方便。人与人之间的空间距离缩短了,但是人们在心理上的、感情上的距离却更为疏远了。未来学家约翰·奈斯比特在《大趋势》一书中指出:以为技术能解决一切问题,是一种不正确的想法。失去了高技术与深厚感情的平衡,令人烦恼的不协调现象就会产生。所以,现代人的日常生活中普遍地缺乏了亲切感。

再次,现代人的日常生活中还缺少了自豪感。德国学者孙志文在《现代人的焦虑和希望》一书中指出:"不仅工业界,而且各行各业,甚至包括医院和学校,全都变成了一部只求功能的大机器。一切都按照事先的详细策划来进行,都以达成其功能为首要目标。个人在这部大机器中,只不过是一个随时可以更换的、小小的零件而已。这样一种无足轻重的、可有可无的处境,当然无法使人产生足够的自豪感。前面引用的那首流行歌曲中还有一句'每一个夜晚,在梦的旷野,我是骄傲的巨人',在人们内心深处,都渴望有更多的自豪感,而现实中却是为了谋生'在呼来唤去的生涯里,计算着梦想和现实之间的差距。'在被别人'呼来唤去的生涯里'，一个人何以能够获得自豪感呢？所以，在现代人的日常生活中，自豪感也是不能充分得到满足的。"

（二）现代人的日常生活中所多余的

现代科学技术给人们的物质生活带来了舒适、便捷，现代人与自己的先辈相比，体力上的负担是极大地减轻了，但是随着社会的进步、生活节奏的加快、工作压力的增加、竞争的日趋激烈、角色负担的加重、人际关系的紧张，现代人精神负担却是极大地加重了，活得累是现代人的通病。所以，在现代人的日常生活中，不堪重负使精神紧张。

从研究人们的日常生活开始，我们了解到现代人的日常生活中普遍缺少能够使他们获得满足的三种感——新鲜感、亲切感和自豪感，又明显地多余了使他们感到很"累"的精神负担。这样，我们就找到了"旅游者心理"与现代人的"日常生活"之间的联系，也就找到了一条探索旅游者为什么要付出时间、金钱和精力，去过旅游这种"日常生活之外的生活"的思路。

二、旅游者的求补偿心理

旅游者的求补偿心理是指旅游者需要通过旅游来寻求补偿，使自己在日常生活中所缺乏的那些满足感——新鲜感、亲切感和自豪感得到补偿。

（一）通过旅游来寻求新鲜感的补偿

日常生活的单调乏味使人们希望通过旅游来寻求新鲜感，这里所说的新鲜感，其含义要比新奇感丰富得多，它是包含着惊奇、喜悦、清新和振奋等多种成分的满足感，富有新鲜感的生活是生机勃勃、生趣盎然的生活。人们外出旅游正是为了寻求这种不断扩展，不断更新的，能够给人以新鲜感的生活。所以，我们认为通过旅游来扩展和更新自己的生活是一种最为普遍的旅游者心理。

（二）通过旅游来寻求亲切感的补偿

亲切感最重要的来源是人与人之间的真诚相爱，这里所说的"爱"是指广义的爱。隐藏于人们内心深处的种种需要中，十分重要的一种就是对人与人之间以互相关心、互相理解和互相尊重为要素的爱的需要。

瑞士旅游学专家塞伊杜提出了这样的看法，他认为旅游之所以不能被新闻媒介所代替，是因为它具有特殊的接待功能。接待是"旅游业的本质"，是"旅游业中最富于人性的因素"，它决定了旅游业的前途。我们可以把接待理解为用富有人情味的方式与客人打交道，与旅游者建立良好的人际关系，使他们获得亲切感。塞伊杜认为，如果旅游变成了"无接待旅游"，那将是旅游业的自我毁灭。我们可以把"无接待旅游"理解为没有人情味的旅游，在这种旅游中，旅游者觉得自己没有被当作"人"和"个人"来对待，而是被当作需要处理的"物品"，或者仅仅是当作一个"可以从他身上捞钱"的对象来对待。塞伊杜指出："只有接待能使他们（旅游者）像一个完整的人而不只是消费者，像受益者而不是机器人，像一名贵宾而不只是一名顾客。"旅游接待应该"在从与潜在顾客的第一次接触到他度假结束时道别的全过程中，产生打动人心的效应"。如果不能做到这一点，现代旅游业就不可能生存和发展。因为人们外出旅游的一种深刻原因就是寻求广义的爱的补偿性满足。所以，我们认为通过旅游来寻求广义的人类之爱，是一种潜藏在旅游者内心深处的极为深刻的心理。

（三）通过旅游来寻求自豪感的补偿

人的自豪感来源于肯定的或者更高的自我评价，而提高自我评价的欲望在一般人的日常生活中难以得到满足。

梅奥和贾维斯在《旅行心理学》中对于旅游的象征意义有这样的描述："在进行一次重大的旅游之前，我们为旅游制订计划，筹措路费，并且经常和亲友们谈论它，使他们万分羡慕，或者因为我们谈论得过多而感到腻烦。临行前可能还要举行一次告别宴会，一两位亲戚或朋友开车把我们送到机场。当超载的家庭旅行小客车或住房汽车在门前掉头准备驶上公路时，我们的邻居也许会出门来为我们进行挥手告别，并答应为我们代收信件。在旅行中，邮递员经常给我们的亲友送去我们沿途寄出的明信片，再次提醒他们我们有多么幸运。回家以后，我们有时几乎是迫不及待地向所有的人讲述旅途的见闻。父母们放映他们自己拍摄的幻灯片，孩子们则去向自己的小伙伴们大肆吹嘘，到了学校又在作文里大谈特谈。"

旅游之所以具有重要的象征意义，是因为在旅游的全过程中都有一些可以向别人夸耀的东西。旅游经营者要让那些重视象征意义的旅游者觉得心满意足，就不仅要为他们提供一些供他们本人"享用"的东西，而且要向他们提供一些可以用来向别人"夸耀"的东西。

旅游还为人们的充实和提高创造了条件。马斯洛指出，自我实现是人的最高层次的需要。自我实现就是充分发挥人的潜能，实现人的价值。心理的认知理论认为：人有理解环境的需要。韦恩·戴埃说过，从来就没有一种生物在其栖息地上画上一个圈，永远待在里面。如果人总是局限于自己的小圈子，就好像井底之蛙，孤陋寡闻，就不可能充实和提高自己，满足适应环境和自我实现的需要。中国自古以来就有"读万卷书，行万里路"促使人的成长的说法。旅游使人们走出狭小的空间，"仰观宇宙之大，俯察品类之繁"，达到一种超凡脱俗的境界。领略到这样高的境界还不足以使人产生强烈的自豪感吗？所以，我们认为通过旅游来提高自我评价也是一种非常重要的旅游者心理。

三、旅游者的求解脱心理

旅游者的求解脱心理是指旅游者要借助于旅游，从日常生活的精神紧张中解脱出来。

法国的社会学家夫尔·杜马兹迪尔认为，旅游一方面是旅游者自发地、主动地探索世界，另一方面也是为现实所迫，不得不对现实进行必要的逃避。

现代生活的高度紧张和快节奏使现代人与其先辈相比精神负担要重得多，用脑过度使人们的脑力与体力失去平衡。繁忙的日常事务和复杂的人际关系困扰着都市化社会中的人们，使人们产生了高度的精神紧张，精神紧张是人最沉重的负担，也是人受到的最大的伤害。于是人们觉得不堪忍受，产生了一种逃避现实的愿望，外出旅游正是寻找一方"世外桃源"以求得解脱的方法，可以消除由于种种原因造成的精神紧张，恢复脑力与体力的平衡。梅奥和贾维斯在《旅行心理学》中指出"常规的程序和狂热的速度造成一种单调的紧张，人们只能从追求新奇的、出人意料的和不可预见的事物中去寻求刺激，来减轻这种紧张"，所以旅游是消除都市化和工业化所造成的紧张的"一服良药"。

旅游一方面能对人们的日常生活起到补偿的作用，另一方面也能够对人们的日常生活起到治疗的作用。瑞士学者塞伊杜在《旅游接待的今天和明天》中指出"从心理上说，度假也是一种疗法"，是对紧张的城市生活的一种"反作用力"。人们外出旅游正是为了回归一次大自然的老家，过一种接近大自然的，合乎自然规律的生活；享受一下优质的人际关系，体验一下人与人之间的真挚感情；从这种日常生活之外的生活中找回人与自然之间和人与人之间失去的和谐。

四、旅游者的求平衡心理

人们通常有两种矛盾的心理：一方面，人们有求安、求稳的心理；另一方面，人们有求新、求变的心理。旅游者的种种矛盾心理都是由此而产生的。旅游者的求平衡心理是指旅游者要在变化与稳定、复杂与简单、新奇与熟悉、紧张与轻松等矛盾心理中寻求一种平衡。这种求平衡心理表现在两个方面：一方面是要"通过旅游"来纠正日常生活中的"失衡"；另一方面是"在旅游中"也要保持必要的"平衡"。

人们在安全、稳定的环境中生活得比较踏实，任何人都不愿意生活在动荡不安的生活之中。当人们过着不安稳的、危机四伏的生活时，人们不可能有更高的享受，只要过上安定的生活就心满意足了。而人们一旦过上了安稳的生活时，求新、求变的欲望便出现了。世界发展的总的趋势是逐渐走向和平与繁荣，人们已经过上了相对安稳的生活，求安、求稳的心理已基本上获得满足。于是，人们就要追求一种新的生活，希望生活中出现新的东西、出现变化。所以，世界的和平与繁荣使人们求新、求变的欲望变得更加强烈。

这样就产生了一个矛盾：安稳的生活就没有变化，变化的生活就意味着不稳定。要进入一个新领域，就必须冒一定的风险，就会缺乏安全感；在熟悉的环境中生活，可预测性很强，很踏实，却感到乏味、腻烦。人们在渴望生活中有新东西、有变化的同时，求安、求稳的心理并没有消失。这样，就造成了人们求新、求变与保持安全、稳定的矛盾和冲突。人们外出旅游常常是为了满足求新、求变的心理，但是，也不可忽视旅游者的求安、求稳的心理。外出旅游是日常生活的"中断"，旅游作为"日常生活之外的生活"必须与日常生活有明显的差异，但又必须与日常生活有一定的"连续性"。旅游者外出旅游意味着改变平常的生活方式，探索和尝试新的生活，但又并不等于完全抛弃旧有的心态。尤其是对于那些日常生活本来就复杂多变的旅游者而言，旅游并不是为了去寻求更多的变化，而是为了去过一段相对安稳的生活。即使是那些以寻求变化为目的的旅游者，他们寻求稳定的心理也并非荡然无存。

第二节 旅游者二元行为理论

钱钟书先生曾说过，旅游是让人原形毕露的过程。我们经常在旅游过程中观察到，许多人的行为和其在家里（或单位里）表现得不太一样，或是购物变得冲动，或是言谈变得奇怪，感觉出门旅游就像变了个人似的。旅游者从常居地（惯常环境）到旅游地（异地环境），他的行为是否会发生变化？发生怎样的变化？为什么？

国内学者李志飞提出了"旅游者二元行为理论"来解释上述问题。他认为旅游最显著的特点是人要在空间上发生短暂移动。与其他学科不同的是，所有旅游现象、旅游行为都是发生在异地而非常居地的，相对于常居地而言，旅游者在异地的行为可能会发生变化。因此如果经济学是围绕稀缺展开研究，管理学是围绕资源配置展开研究，地理学是围绕空间展开研究，从而各自建立自身的基础理论体系，那么旅游学就应该围绕异地性这个理论原点展开研究并构建自身的基础理论体系。

李志飞的旅游者二元行为理论认为：旅游者的行为（包括经济行为和社会行为）是具有二元性的（二元指的是二元空间情境，即常居地情境和异地情境）。旅游者在异地情境下的行为不同于常居地情境下，即同一个旅游者在二元空间情境下（常居地情境和异地情境）的行为可能会产生变化。

一、常居地与旅游地二元情境下旅游者经济行为变化及其影响机制

(一)二元情境下旅游者经济行为变化的心理特征

旅游者在购买行为上的二元情境变化从心理特征上来看主要集中在以下四个方面。

(1)(在常居地)我主要买些实用的日常用品;(异地)我觉得这里和我的家乡有很大的差异,所以我想买些有地方特色或纪念意义的东西回去。

(2)我住在这里(常居地),所以有的是时间慢慢选购;在这里(异地)我只待几天,所以没有时间慢慢浏览。

(3)我住在这里(常居地),这次不买,以后还有的是机会再来买;(异地)来一趟不容易,这次不买以后怕是机会不多了。

(4)(在常居地)我主要为自己和家里买些要用的东西出来一趟,(异地)感觉应该给家人和朋友们带点东西回去。

(二)二元情境下旅游者经济行为变化的主要原因

人们在旅游情境下会有比在惯常(常居地)情境下有更强的购买冲动性。这是为什么呢?李志飞认为,至少有四个因素在其间发挥了作用:文化差异、时间压力、重购成本、购买压力。

1.文化差异

文化差异是指旅游目的地与旅游者常居地之间的文化差异。旅游者对文化差异的感知显著影响旅游者的冲动性购买意愿,旅游者感知的文化差异越大,其冲动性购买意愿越强。第一,文化差异会激发旅游者的好奇心、神秘感、收藏愿望和向家人朋友展示的欲望,这会导致一种积极的情感反应,而情感反应直接影响消费者的冲动性购买意愿和行为(Rook and Hoch.1985)。第二,文化差异使得旅游目的地的商品被赋予了相应的文化附加值,就好像西湖买的龙井茶和武汉买的龙井茶在感觉上是不一样的。消费者感知的文化差异越大,赋予在商品上的文化附加值就越大,就越容易引起消费者的冲动性购买行为。第三,文化差异会导致消费者的鉴别能力下降。由于消费者不熟悉目的地的文化,会产生信息不对称,这种由文化差异所带来的信息不对称会导致消费者的鉴别能力下降,从而导致冲动性购买。这给为什么消费者在异地环境下会有更强的购买冲动性提供了一种解释。瑞恩(Ryan,2002)指出不同文化背景的旅游者在购物行为上具有显著差异,他用文化环境的变化来解释这种差异。旅游者离开常居地前往异地旅游,一旦旅游者到达旅游目的地,其所具有的原住地文化就会在新的文化环境中融合成为旅游者文化,其结果就是旅游者会变得更加宽容和乐于接受。

2. 时间压力

旅游者的时间压力是指旅游者因在旅游目的地的停留时间有限而产生的压力，旅游者在旅游目的地停留的时间越短，其冲动购买意愿越强，时间压力越大。研究表明，在承受时间压力情境下，异地游客与常住居民的冲动购买行为可能存在不同。常住居民在时间压力下会减少冲动性购买行为，然而异地游客在时间压力下冲动性购买意愿则较为复杂。例如，Mattila 和 Wirtz（2001）发现，延长常住居民消费者在商店内的停留时间，可增加消费者的冲动性购买意愿。类似的，Lombart（2004）发现，可利用的时间会对浏览（browsing behavior）产生影响，延长购物时间，会让消费者在长时间的浏览过程中，增加被很多新型商品吸引的机会，反而比较容易产生冲动性购买行为。然而，不同于常住居民，旅游者在一个旅游目的地停留时间是有限的。李志飞（2007）发现，与常住居民不同的是，旅游者对时间压力的感知并不能显著影响其冲动性购买的意愿。这可能是因为对于旅游者而言，时间压力与冲动性购买之间并不是一种简单的线形关系，而是呈现 U 形关系，即在一定时间区间内，停留时间短可能会引发消费者更多的冲动性购买行为；而超出这个时间区间，延长消费者在异地的停留时间，可能会导致更多的冲动性购买行为。

3. 重购成本

重购成本是指消费者再次购买同一商品时所需要额外付出的成本。距离、时间、便利程度和交通费用等都会对重购成本产生影响。一般而言，旅游者对重购成本的感知显著影响旅游者的冲动性购买意愿，旅游者感知的重购成本越高，其冲动性购买意愿越强。旅游者认为来一趟不容易，是因为相对于同城购买而言，异地购买在交通、时间和精力上都要投入更多的成本。重购成本不仅仅表现在消费者再次购买同一商品时所需要支付的交通、时间、精力成本，还包括随之产生的机会成本。重购成本在某种程度上附加到所购商品上，重购成本的增加会抵减消费者的购买效用。在效用不变的情况下，消费者会选择降低重购成本，而在重购成本不变的情况下，消费者将选择提高购买效用。重购成本越高，消费者提高购买效用的意愿越强，从而导致冲动性购买意愿和行为越强。但是，随着交通便利程度的不断加强（比如廉价航空和火车提速），人们外出所需支付的交通成本和时间成本不断下降，重购成本对旅游者冲动性购买行为的影响也会随之减小。同时，不同的人对同一重购成本的感知也是不一样的，这受到消费者支付能力、闲暇时间等其他因素的影响。

对于旅游企业而言，应该明白并不是所有的旅游产品都要在全国各店销售，有些旅游产品需要保持当地性和原产地特征，把旅游产品和原产地捆绑在一起，通过产品的稀缺性提高消费者对重购成本的感知，从而引发其冲动性购买。

4. 购买压力

购买压力主要是指旅游者往往会在旅行中惦记着为家人和朋友购买一些礼物，虽然他们没有明确的购买计划，也不一定明确在哪个商店购买，但是这种心理会对他们的购买行为产生压力。购买压力显著影响旅游者的冲动性购买意愿，旅游者的购买压力越大，其冲动性购买意愿越强。在这四个维度中，购买压力对形成旅游者冲动性购买意愿和导致冲动性购买行为的影响最大。中国有注重礼仪和人情往来的消费文化，出门在外有为家人和朋友带点东西回来的习惯。除了对家人和朋友有个交代以外，这也是人们向家人和朋友展示当地文化和民俗的一种方式。所以，也许有些消费者自己在异地并没有购买欲望，可能他们觉得自己并不需要购买什么，但是当他们在考虑为家人和朋友带些东西回去的心理压力下，也会产生冲动性购买行为，而且这种冲动性购买行为可能会由于群体间的攀比心理得到加强。研究表明，这种购买压力是消费者在异地产生冲动性购买行为的最重要的因素。

因此，旅游企业的促销重点可能不仅仅要放在引导和满足旅游消费者自身的需求上，而是要更多地放在挖掘和满足旅游消费者家人和朋友的可能需求上，通过刺激旅游消费者的这种购买压力的心理需求，使其产生冲动性购买行为。旅游企业可以营造一种群体购买的氛围，刺激异地旅游消费者为家人和朋友购买东西的攀比心理，强化他们的购买压力，从而最大限度地激发他们的冲动性购买行为。

二、常居地——旅游地二元情境下旅游者社会行为变化及其影响机制

(一) 二元情境下社会行为变化特征

旅游者在社交行为上的二元情境变化从行为表征上来看主要集中在以下七个方面。

1. 服饰异化

服饰异化即旅游者在服饰表现上呈现出随意化和夸张化的变化。旅游者认为旅游是个放松的过程，不必拘束太多，随意搭配自身的服饰，一般不会像平常生活中穿正装；同时，旅游者还认为旅游是一个享受的过程，远离日常的工作和生活环境，没有拘束，不必扮演家庭或工作中应有的角色，应该尽情放松自己，释放自己的情感。

2. 语言宽化

语言宽化即旅游者在语言表达上呈现出尺度宽化的变化。其具体表现在两个方面，第一是言语频次的变化。旅游者会认为在与同伴一起旅游的过程中说话比在常居地时变多，更容易交流和沟通。第二是话题的变化。在旅游过程中，特别是团队旅游，团队成员之间的聊天话题倾向于更喜剧性的话题。相比较常居地，旅游过程中的话题是凝聚团队成员情感的一个很重要的方面。

3. 性格转向

性格转向即旅游者在性格上呈现出反向的变化。旅游者旅游过程中的性格转向是其社会行为变化的一个显著特点，大多数旅游者会变得跟在常居地不一样，特别是性格方面会出现一定的反差。旅游者性格转向大致可分为两类，第一类是内向转为外向，旅游者在常居地的社会行为表现较为内向，但在旅游的过程中会倾向于外向。第二类是外向转为内向，旅游者在旅游的过程中相较于常居地更显得内敛。

4. 宽容倾向

宽容倾向即旅游者在主客交往和客客交往上呈现出更加宽容的变化。这种宽容倾向主要指的是旅游者在旅游过程中所表现出来的对于人或事的宽容性。比如，旅游者对于旅伴、其他旅游者、当地居民、旅游工作人员等所表现出来的宽容的态度。

5. 互助倾向

互助倾向即旅游者在结伴旅行中呈现出乐于互助的变化。这里的互助倾向主要指的是在旅游的过程中，旅游者所表现出来的与同伴的合作性行为。这种互助倾向行为表现主要集中在旅游者为了适应团队所做出的一些行为改变，而这些行为在常居地时极少出现的。

6. 兴趣转移

兴趣转移即旅游者在兴趣取向上呈现出转移的变化。旅游过程中的兴趣转移主要指的是旅游者在旅游过程中所表现出来的对某种事物的兴趣与常居地有差别。这种行为可分为两种，第一种是由感兴趣变为不感兴趣，旅游者在常居地对某种事物感兴趣的情况在旅游过程中表现不明显。第二种是由不感兴趣变为感兴趣，旅游者在旅游过程中对常居地不在意的事物表现出异常的关注。

7. 冒险倾向

冒险倾向即旅游者在未知探索上呈现出富于冒险的变化。冒险行为是指旅游者在旅游过程中所表现出来的有别于常居地的具有冒险性的行为。这类行为表现通常伴有探索、猎奇心理。

（二）二元情境下旅游者社会行为变化的主要原因

文化环境差异、旅游认同、心理因素驱动、角色适应、个人价值观导向、自我需求导向，这六个方面是引起旅游者社会行为变化的主要原因。

1. 文化环境差异

文化环境差异是旅游者社会行为变化的主要载体，是行为变化的前提条件。文化环境的差异性是导致旅游者社会行为变化的一个最主要的原因。旅游本身就是一个异地性活动，是不同背景下的人们之间的文化交流活动。而异地与常居地的最主要的区别是文化氛围的差异性。一般来说，旅游者出游的目的就是为了寻求与常居地环境有区别的文化氛围来获得放松和体验。旅游是一个体验的过程，在旅行中追求社区环境与文化的差异来满足求异的心理是旅游者出游的主要目的，旅游者异地行为是对旅游地差异性环境的反应，是旅游体验的途径之一。可以说，文化环境的差异性是其产生异地社会行为的主要原因。多数旅游者认为，旅游地作为一个相对陌生的环境，给予自身较大的放松空间，可以不去理会常居地所需扮演的各种角色，自身受到的约束力相比较于常居地来说小一些，因而其异地行为会较常居地有较大的差异性。而这些差异性基本包括了服饰异化、语言宽化、性格转向、宽容倾向、互助倾向、兴趣转移和冒险倾向等各个方面。

2. 旅游认同

旅游认同是旅游者社会行为变化的直接原因，认同直接涉及人们对于"我是谁"或"我们是谁"、"我在哪里"或"我们在哪里"的反思性理解，它是个体对于自己在社会中的地位、形象、所扮演的角色以及与他人关系性质的接受程度。旅游是一个离开牵绊的日常生活圈，前往与之相差异化的异地寻求体验的过程。在这个过程中，旅游者离开了日常生活的环境，置身于一个对于旅游者来说陌生的环境中，旅游者对其身边的一切都会有认知，并寻求在旅游中被认同。旅游认同不仅包含了心理学意义上的"我是谁？"，而且还包含了社会学意义上的"我该怎样做？我该如何行动？"等，而异地环境的差异性正好为旅游者寻求认同提供了载体，旅游者须在这样一个异化的环境中去思考自己是谁，在哪里，需要做什么。

3. 心理因素驱动

心理因素驱动角色适应和个人价值观导向是旅游者为适应异地文化环境所做出行为改变的具体原因。心理因素驱动一方面直接导致旅游者适应环境做出行为变化；另一方面，异地环境的差异性也直接导致旅游者心理因素的变化。这种心理因素通常表现为激动、兴奋、兴趣、好奇心等。心理因素是旅游者旅游过程中最直接的心理反应，同时也促使旅游者在异地环境中做出相应的行为变化。心理学认为人的行为是受其复杂心理过程的支配和影响的，心理学的模式常常被描述为一种"复杂行为模式"，它考虑了人复杂的心理过程和人格特点，认为个体是具有包括认知、情感和意志行为的心理过程和人格特点，是"有血有肉"的人，所以在行为选择机制上具备更多的不确定性。对于旅游中的个体来说，尽管不同年龄、不同性别和不同社会背景的旅游者，在旅游中所表现出的具体需求各不相同，但人们旅游的主要目的却惊人地相似，这就是在寻求心理平衡中体验愉悦。

4. 角色适应

旅游者离开常居地去异地寻求文化环境差异性的体验过程，使得旅游者可以暂时摆脱常居地所需扮演的家庭、工作中的角色，但这并不意味着旅游者完全处于一种无角色的状态。通过分析发现，旅游者在旅游的过程中不仅扮演着游客的身份，还扮演着旅游者给自身定位的角色。比如，资料分析有旅游者在言行方面十分讲究，因为他认为自身在异地代表着家乡的形象，应该时刻约束自己的一些行为。同时，角色适应在很大程度上是基于旅游者团队意识而言的。结伴的旅游者在旅游过程中不仅扮演着普通的游客身份，同时也扮演着团队中团员的身份，这种身份会促使旅游者在旅游过程中表现出具有团队意识的行为。而这种行为变化一般来说是源于团队压力或自身压力的。比如，在收集的资料中有一位旅游者在日常生活中从不会与别人分享自己的食物，若一起分享会有厌恶的情绪。但在旅游的过程中，他却不介意与同伴分享自己的食物，并且还十分主动。他认为在异地环境下，作为同伴，理应相互帮助，共同渡过难关，若一味讲究自身的某些习惯，可能会引起大家的反感。可以说，旅游者在体验的过程中只是暂时摆脱了日常生活中经常扮演的家庭或工作角色，但仍被赋予了另外的角色，这种角色可以是旅游者自身的也可以是外界给旅游者的，但无论是哪一种，都会促使旅游者为了适应环境而做出改变社会行为的反应。

5. 个人价值观导向

个人的行为是具有价值观导向的，旅游者的价值观是推动旅游者异地行为变化的一个很重要的因素。旅游是一个体验异地文化环境的过程，这种与常居地环境的差异性会促使旅游者的约束能力降低，然而具有较强的正面价值观导向的人会时刻约束自身的行为，做到遵守秩序、礼貌待人、保护环境等有利于创造良好旅游环境的行为，因为他们认为这些合理的行为是道德的基准，因而会以此来约束自身的行为。具有负面价值观导向的人更多强调的是异地社会的陌生性，认为自己可以避开常居地世俗的眼光，不受或少受社会舆论的监督，因而在行为上更多地追求自身喜欢的生活方式，即使是有违道德基准的，仍然以此来满足自我的释放。

6. 自我需求导向

自我需求导向是持有不同价值观的旅游个体寻求旅游认同的主要驱动力。在这个旅游认同的过程中，旅游者的自我需求导向是旅游者在旅游中寻求旅游认同的主要驱动力。马斯洛需要层次理论认为人的需要可分为五个层次，即生理需要、安全需要、社交需要、受尊重需要和自我实现需要。社会中的个体都有一种希望能被社会认同和融入社会的需求，当其表现未能达到社会的期望值时，其内心需求将得不到满足。因而，社会个体会通过改变自身的社会行为来寻求社会认同以更好地融入社会，旅游中的个体也不例外。从调查结果来分析，旅游者在旅游的过程中所表现出来的宽容倾向其实是一种希望受到尊重的需求，旅游者在异地讲究卫生、礼貌待人、遵守秩序等是一种自我实现的需求，旅游过程中旅游者的性格转向、语言宽化、互助倾向等是一种异地环境下的社交需求，而所有这些行为的变化都是旅游者的一种自我需求导向，是为了寻求旅游认同。

总之，旅游认同是旅游者在旅游过程中所寻求的，并最终导致了社会行为的变化，而差异的文化环境为旅游者寻求旅游认同提供了载体，是旅游者社会行为变化的最主要的推动因素。另外，旅游者旅游过程中的自我需求导向直接推动了旅游者在旅游过程中寻求旅游认同。

第三节 旅游心理与消费者行为学的研究方法

旅游心理与消费者行为学是在心理学、消费者行为学和旅游学多门学科的基础上建立起来的交叉学科。同时，旅游心理与消费者行为学是一门应用性极强的学科，它的研究出发点是为了运用以及更好地指导旅游营销实践工作。旅游心理与消费者行为学的具体研究方法包括：观察法、调查法、测量法、案例法和实验法，下面就介绍这几种主要的研究方法。

一、观察法

观察法就是在常规的情况下，研究者运用自己的感觉器官或者借助科学仪器能动性地对旅游活动的主体及其行为进行感知和描述，进而分析其心理活动规律，从而获得有关事实材料的方法。被观察的事物不仅限于语言活动，非语言行为、听众反应都可以成为观察对象，也可以对环境要素（天气、气氛、地点、设备）进行观察。

观察法的特点是在常规的条件下进行的，研究者不应设法去控制或改变有关条件，否则，被试者行为表现的客观性将受到影响。观察法对研究者要求较高，表面看起来观察法很简单，但实际运用起来难度非常大，因此，只有经过严格训练的人才能有效使用。要达到预期的研究效果，研究者应该做好周密的准备，并提出明确的目的和要求，设计好清楚的观察程序。观察的记录方法有：笔记、录音、录像等。

观察法可以分为参与式观察与非参与式观察两种形式。参与式观察法是一种在旅游学研究中非常适用和普遍的方法。它是一种定性方法，常常用于现场调查。在参与式观察中，观察者和被观察者一起参与旅游活动，在密切的相互接触和直接体验中倾听和观察他们的言行。这种观察情境比较自然，观察者不仅对旅游活动的主体及其行为有比较具体的感性认识，而且还可以深入到他们内部，了解他们对自己行为意义的解释，并直接感受到被观察者的思想感情和行为动机。

这种观察具有开放、灵活的特点，允许研究者根据研究问题和情境的需要不断调整观察目标、内容和范围。观察者和被观察者之间的关系比较灵活，不是一方主动、一方被动的固定关系，研究的过程也不完全先入为主地由某种外在的、机械的模式所决定，而是融入参与双方的决策、选择和互动。参与式观察也有其不足之处，即研究者在观察的过程中，参与得越深，体验得越深，其看问题的角度、思考的模式等方面受到被研究者的影响就越大，他在看待、分析和解释人们行为时丧失客观性的可能性也就越大。因此调查者必须充分利用自身的特殊身份以获得对问题的深入理解，同时还应当保持客观的观察能力。

非参与式观察不要求研究者直接进入被研究者的日常活动。观察者通常置身于被观察者的世界之外，作为旁观者了解事情的发展动态，在条件允许的情况下，观察者可以使用录像机对现场进行录像。非参与式观察的长处是研究者可以有一定的距离地对研究对象进行比较"客观"的观察，操作起来比较容易一些。但其弱点是：当被研究者知道自己在被观察时，往往比参与式观察表现得更失真；研究者较难深入了解研究对象，不能像参与式观察那样碰到问题时立刻向被观察者提问；可能受到一些具体条件的限制，如因观察距离较远，研究者看不到或听不到正在发生的事情，使得研究质量下降。

二、调查法

调查法是指对不能直接观察到的心理现象，需要收集有关的资料，以间接了解有关人员的心理状况。调查法的基本做法是研究者向被调查者提出拟定的一系列问题，要求他们做出回答，然后整理成资料，从中得出结论，它分为访谈法和问卷法两种形式。

1. 访谈法

访谈法是指调查者与被调查者进行面对面有目的的谈话、询问，以了解被调查者对所调查内容的态度、观点等的方法。研究者亲自访问旅游消费者或工作者，向他们直接提问，并对回答做记录。运用访谈法是否能获得一些可靠的资料，很大程度上取决于研究人员与访谈者之间的关系，即信任与合作的程度。因此，在运用这一方法时，不仅要对研究的问题有周密的考虑，研究人员本身要有一种真诚和认真负责的态度，以此来取得对方的信任与合作。此外，也要根据实际情况妥善地安排好交谈的方式、时间、地点。

访谈法可以分为结构式访谈和非结构式访谈两种。所谓结构式访谈，是指由访谈者按事先拟订好的提纲提出问题，被调查者按问题要求逐一回答，通过有目的、有计划的提问收集所需要的资料。它的优点是针对性比较强、调查的问题比较明确、节省时间。它的不足是由于所提问题规范化程度比较高，可能会降低被调查者合作的积极性或采取敷衍的态度。所谓非结构式访谈，是指访谈者事先不固定谈话的具体题目，有时甚至也不告诉被访者谈话的目的，而是在总体目标范围内采取自然交谈的方式。这样做的优点是谈话的气氛比较轻松，被调查者可以坦诚地说出自己的真实想法。但这种方法要求调查者要有较高的把握目标和掌握谈话技巧的能力。同时，这种方法对收集上来的资料进行归纳和整理也较困难。

访谈法可以涉及一个访问者和一个被访者，也可以涉及一个访问者和多个被访者。前者被称为一对一访谈，后者被称为小组访谈。在一对一访谈中，访谈者要注意不能给被访者任何压力和心理暗示，要使被访者轻松、自然地回答问题，而不能有意识地影响被访者的回答。而标准的小组访谈则通常涉及6~10个互不熟悉的人。被访者是根据相关的样本随机挑选出来的。访谈者要与小组成员建立起融洽关系、设定访谈目标，激发讨论和不同意见的表达，所以采用的调查形式是非结构化的。

2. 问卷法

问卷法是根据研究内容的要求，由调查者设计一份调查表，由被调查者填写，然后汇总调查表并进行统计分析和研究的一种方法。问卷法是否能收集到可靠的、真实的研究资料，取决于问卷设计是否合理以及填写者的态度。问卷法的用途非常普遍，用它可以测量或衡量：过去、现在或将要发生的行为；有关的人口统计特征，如年龄、性别、收入、职业等；被调查者的知识水平或对某一问题的了解水平；被调查者的态度和意见。问卷法的关键是问卷的设计。

用访谈法和问卷法收集研究资料各有利弊。从对研究人员水平的要求来看，前者对研究人员的水平有较高要求，而后者则没有。从范围和广度来看，前者受到时空的限制，调查范围较小，不适用于大规模的调查研究；后者则可以通过邮寄将问卷发往全国各地，进行大面积大范围的调查。从资料的分析处理来看，前者多半是定性倾向的记录，难以进行量化和统计分析；后者得到的材料容易进行标准化处理，进行量化从而转成统计分析。从收集材料的信度来看，后者由于是匿名方法，因此对有些问题的了解提供了某种方便，可以消除被调查者在回答某些问题时的顾虑，这是前者所不及的。从方式和效果上来看，前者是一种动态研究，研究者不仅可以得到一般性材料，而且可以得到具有一定深度的材料；而后者代表的则只是一种静态调查。

三、测量法

测量法是指运用一种客观的和标准的手段对一行为样本进行测量，也就是运用某些特定工具，来引起人们的某种行为，并通过这种行为间接推断出人们某种心理特征的手段。

测量时所使用的工具称为测验。例如，要想知道某人的智力水平怎样，一般使用智力测验作为测量工具，测出该人的智商，然后将所得数值与一般人的智商比较，以此判断这个人的智力水平的高低。测验可按不同的标准进行不同的分类，目前一般采用的分类系统是以心理或生理特征的类型作为分类标准的，按照这种分类方法，测验可分为能力测验、成就测验、人格测验与兴趣测验四大类。能力测验分为一般能力测验和特殊能力测验，其中一般能力测验主要测试思维和智力等一般认知能力，特殊能力测验主要测试人在专业活动中表现出来的能力。例如，秘书需要较强的文字能力，管理人员需要较强的组织与人际交往能力。成就测验的目的在于测量某个人对某项工作已经知道多少或能够完成的程度，着重于测验人对知识的掌握和运用程度。人格测验用来测定被试者的个性特征，主要测量情绪、动机、人际行为和态度等方面。兴趣测验测定的是被试者对某一人物、事物的态度和兴趣。

测量法既可以用以测量旅游消费者的心理特征与其旅游行为的关系，也可以用于对旅游从业人员进行心理测试，用以研究员工的心理特征与服务行为的关系，通过研究旅游从业人员的心理特征从而为旅游企业的人力资源管理提供依据。

四、案例法

研究者深入旅游业，对旅游企业、旅游者以及旅游从业人员进行全面的较长时间的连续观察、调查、了解，研究其心理发展的全过程，在掌握各方面情况的基础上进行分析整理，这种方法称为案例法。比如说，通过研究一个酒店的历史来了解其管理方法及成效，就是一种案例研究。

案例研究特别适用于深入实地去研究一个特定的单位，或者是为了比较的目的而研究几个单位。在使用案例法的研究中，研究者需要对一个人、一个事件、一个社会集团、一个社区进行深入全面的研究。案例的单位不同所采取的具体方法也会不同。比如，对一个人的研究，除了一般的观察、访谈外，还经常采用个人生活史的方法；而对一户家庭的研究或对一个旅行团的研究就不会采用同样的方法。

案例法的特点是焦点特别集中，对现象的了解特别深入、详细。案例法通过对人和事物进行深入的洞察，能够获得非常丰富、生动、具体、详细的资料，能够较好地反映出事物或事件发生、发展及变化的过程，而且能为后来较大的总体研究提供理论假设。因此，这种方法在旅游心理学的发展中发挥着重要的作用。

案例法具有深入、全面的长处，但其不足之处，或者说最困难的一个方面在于，如何发掘案例研究所具有的概括意义。一般来说，研究者目前很难将案例研究中所得到的结果进行推广。因此，除了对所研究的对象进行详细全面的描述外，研究者要做出更多的是努力，从所研究的具体案例中，抽选出一些含金量较高的命题，或者提出一些具有更深层理论意义的研究题目，为后续研究提供一些有价值的思路和方向。

五、实验法

实验法是指有目的地严格控制或创造一定的条件，人为地引起某种心理现象产生，从而对它进行分析研究的方法。因此，这种方法涉及在改变一个或多个变量（比如改变产品特征、包装颜色、广告主题）的条件下，观察这种改变对另外一个变量如旅游消费者的态度、学习或重复购买行为的影响。在控制条件下改变的变量被称为自变量，受自变量影响而改变的变量被称为因变量。在实验中，实验者可以操纵实验刺激即自变量使其作用独立出来，在对自变量施加了影响后，又可测得其性质发生了改变。由于这些对象除了受到实际刺激的影响外，并未受到其他刺激的影响，因此，可以得出，这种性质的改变应当归因于实验刺激即自变量的影响。

实验法可分为实验室实验法和自然实验法。

1. 实验室实验法

实验室实验法是在专门的实验室内，由研究者控制各种实验条件，借助于各种仪器来进行的。在设备完善的实验室里研究心理现象，从呈现刺激到记录被试者反应、数据的计算和统计处理，都采用计算机、录音、录像等现代化手段，实行自动控制，因而对心理现象的产生原因、大脑生理变化以及被试者行为表现的记录和分析都是比较精确的。在实验室实验中，实验背景和变量都相对容易控制，实验环境可以较好地"封闭"，研究者能够比较清楚确切地观察到自变量对因变量的影响。这是实验室实验的一大优点，但实验室实验在实验内容上局限较大，旅游心理学的许多研究内容很难在小小的实验室中人工制造出来。由于实验室实验对象与环境的局限，其结果在推广性、普及性上往往较弱。

2. 自然实验法

自然实验法是由研究者有目的地创造一些条件在比较自然的条件下进行的。它既可以用于研究旅游者一些简单的心理活动，又可用于研究较为复杂的心理活动。由于自然实验法是在实际情况下进行的，所得到的结果比较接近于实际；又由于自然实验法是由研究者有目的地改变或控制某些条件，因此比较具有主动性和严密性，所得到的结果也比较准确。

本章小结

1. 旅游者的"三求心理"理论从研究人们的日常生活开始，找到了"旅游者心理"与现代人的"日常生活"之间的联系。在现代人的日常生活中，一方面普遍缺少新鲜感、亲切感和自豪感这三种最重要的满足感；另一方面明显多了使他们感到很"累"的精神负担。旅游者需要借助于旅游，从日常生活所造成的精神紧张中解脱出来，在旅游中获得新鲜感、亲切感和自豪感的补偿。同时，旅游者在变化与稳定、复杂与简单、新奇与熟悉、紧张与轻松等矛盾心理中寻求和体验到一种平衡。

2. 旅游者二元行为理论认为，旅游者的行为（包括经济行为和社会行为）是具有二元性的（二元指的是二元空间情境，即常居地情境和异地情境）。旅游者在异地情境下的行为是不同于常居地情境下的，即同一个旅游者在二元空间情境下（常居地情境和异地情境）的行为可能会产生变化，第一个变化是旅游者的行为会具有更强的冲动性；第二个变化是旅游者的行为会趋向于真实。

3. 旅游心理与消费者行为学是在心理学、消费者行为学和旅游学多门学科的基础上建立起来的交叉学科，其研究方法主要有观察法、调查法、测量法、案例法、实验法等。

【思考与练习】

1. 试联系旅游者的日常生活，运用"三求心理"分析旅游者旅游的原因。
2. 简述旅游心理学研究中常用的研究方法。
3. 试对比旅游者在惯常地和异地旅游行为的差异。

第二章

旅游者的需要与动机

【学习目标】
- 掌握需要和动机的概念，以及动机的种类
- 掌握旅游动机的内涵与分类
- 了解旅游消费者动机的经典理论

在现实生活中，消费者各种各样的购买行为，都是由消费者的购买动机所引起的，而消费者购买动机的基础是人类的各种需要。消费者购买行为的一般规律是：需要决定动机，动机支配行为，这是一个不间断的循环过程。围绕这个重要问题，本章主要讨论消费者的旅游需要与旅游动机。

第一节 需要与动机

一、人的一般需要

需要是指人们在个体生活和社会生活中感到某种缺乏而力求获得满足的一种心理状态。其实质是个体对延续和发展生命，并以一定方式适应环境所必需的对客观事物的需求反映，这种反映通常以欲望、渴求、意愿的形式表现出来。

形成需要有两个条件。一是不足之感，即人感到在生理上和心理上有某种缺乏。人在生活环境中往往存在一些客观需求，但由于收入水平、价值观念等因素的限制，个人在主观上还没有产生欠缺感，因此未产生心理失衡，这时需要就没有产生。只有当条件发生变化，个人意识到一种不完满状态，才会萌生需要。二是求足之愿，即个人产生追求满足的欲望。由于经济收入的限制或看轻欠缺因素而产生自我抑制，需要也不能形成。

人的需要心理是如何产生的呢？一种叫作"均衡论"的理论认为，在正常条

件下，人的生理和心理处于平衡或均衡状态。一旦生理或心理的某个方面出现"缺乏"时，便会导致原有平衡状态被破坏，变为不均衡。这时人的生理或心理便出现了一种不舒服的"紧张"感，只有减少或消除这种"紧张"感，人体才能恢复正常的均衡。依据这种理论，需要可以被看作是减少或消除"紧张"状态的心理反应。

二、动机概述

（一）动机的含义

人的各种活动都是由动机引起的，它支配着人的行为。因此，动机就是引发和维持个体行为，并导向一定目标的内部动力。换句话说，动机就是激励一个人做出某种行为的内在驱动力量，例如，人们为了证明自己的价值（动机）会努力工作（行为）。

（二）动机的功能

动机是在需要的基础上产生的，它对人的行为活动具有如下三种功能。

1. 激发功能

动机能激发有机体产生某种活动。带着某种动机的有机体对某些刺激，特别对那些与动机有关的刺激反应特别敏感，从而激发有机体去从事某种活动。例如，饥饿者对食物、干渴者对水特别敏感，因此也容易激发起寻觅活动。

2. 指向功能

动机是针对一定目标（或诱因）的，是受目标引导的。也就是说，需要一旦受到目标引导就成了动机。由于动机的种类不同，人们行为活动的方向和它所追求的目标也不同。例如，一个学生确立了为从事未来的实践活动的学习动机，在其头脑中所具有的这种表象可以使之力求注意他所学的东西，为完成他所确立的志向而不懈努力。

3. 维持和调整功能

当个体的某种活动产生以后，动机维持这种活动针对特定目标，并调节着活动的强度和持续时间。如果达到了目标，动机就会促使有机体终止这种活动；如果尚未达到目标，动机将驱使有机体维持和加强这种活动以达到目标。

（三）动机的种类

与需要一样，人的动机也是多种多样的，可从不同的角度对动机进行不同的分类。

1. 根据动机的性质划分

根据动机的性质，可以划分为生理动机和社会动机。生理动机是为了满足个体的生理需要而促使人们产生行为的内在驱动力，是一种较低层次的动机。例如，人为了维持生命和发展自己，就需要食品，需要吃饱肚子，这种生理需要就会使人产生寻找食物的动机。社会动机又称为心理动机或习得动机，是指人在一定的社会、文化背景中成长和生活，会产生各种各样的需要，于是就相应地产生了各种各样的动机，如工作动机、学习动机、交往动机、成就动机等。

2. 根据动机在行为中所起的作用大小划分

根据动机在行为中所起的作用大小，可以划分为主导动机和辅助动机。主导动机是指在活动中所起作用较为强烈、稳定，处于支配地位的动机。辅助动机是指在活动中所起作用较弱、较不稳定、处于从属地位的动机。例如，某个人工作的动机可能有很多种，如满足基本生活，获得社会的认可，体现自我的价值等。其中，满足基本生活是主导动机，其余则是辅助动机。

3. 根据动机的引发原因划分

根据动机的引发原因，可以划分为内在动机和外在动机。内在动机是指活动本身引发的推动行为的动力。外在动机是指由外在因素引起的，是追求活动之外的某种目标。例如，有的学生的学习动机是由学习者以外的父母或教师提出的，或学习只是为了获得一张奖状。两者同时推动人的行为，并在一定条件下，外在动机可以转化为内在动机。例如，教师和父母的表扬或批评、肯定或否定态度激起学生的学习活动，逐渐地，学生为了获得社会的承认和赞赏也能够专心致志地学习，并把学习看成一种乐趣。

4. 根据动机行为与目标远近的关系划分

根据动机行为与目标远近的关系，可以划分为近景动机和远景动机。近景动机是指与近期目标相联系的动机。远景动机是指与长远目标相联系的动机，如有的学生努力学习是为了期末考试取得好成绩，而有的学生努力学习则是为了今后有一份好的工作。前者为近景动机，后者为远景动机。远景动机和近景动机具有相对性，在一定条件下，两者可以相互转化。

三、动机与需要的关系

动机与需要之间存在着密切联系，又有一定的区别。需要是人积极性的基础和根源，动机是推动人们活动的直接原因。一个人的行为动机总是为了满足自己的需要而产生的，动机是需要的表现形式，有什么样的需要就会产生与之相呼应的行为动机。但不是所有的需要都能转化为动机，需要转化为动机必须满足两个条件。

第一，需要必须有一定的强度。也就是说，某种需要必须成为个体的强烈愿望，迫切要求得到满足。如果需要不迫切，则不足以促使人去行动以满足这个需要。

第二，诱因的刺激是需要转为动机的重要条件，它既包括物质的刺激也包括社会性的刺激。有了客观的诱因才能促使人去追求它、得到它，以满足某种需要；相反，就无法转化为动机。例如，人处荒岛，很想与人交往，但荒岛缺乏交往的对象（诱因），这种需要就无法转化为动机。

因此，人的行为动机是由主观需要和客观事物共同决定的。心理学学者们认为，需要引起动机，动机支配着人们的行为。当人们产生某种需要时，心理上就会产生不安与紧张的情绪，成为一种内在的驱动力，即动机，它驱使人选择目标，并进行实现目标的活动，以满足需要。需要满足后，人的心理紧张消除然后又有新的需要产生，再引起新的行为，这样周而复始，循环往复。

第二节　旅游需要与旅游动机

一、旅游需要

人们为什么要旅游？这涉及旅游消费行为的动因。随着社会的发展和人们生活水平的日益提高，人们对高层次的生活水准和生活方式的需要越来越强烈，需要已经成为人们旅游最基本、最核心的内在动因。要了解旅游消费者行为，就必须首先了解旅游消费者的需要。旅游动机产生于旅游需要与旅游目标相遇之时，是旅游消费者行为的动力源泉。因此，研究旅游消费者的需要，可以揭示人们进行旅游活动的内在动力，有助于更深刻地理解旅游消费者行为。

旅游需要是人的一般需要在旅游过程中的反映。旅游者是旅游活动的主体，旅游者之所以要进行旅游活动，首先就是为了满足自身对旅游活动的需要。因此，旅游需要是指旅游者或潜在旅游者感到某种缺乏而力求获得心理满足而产生的一种心理状态，即对旅游的愿望和要求。也就是说，旅游需要是个体的一种主观上的愿望和要求，这种主观态度是人们对客观条件（包括个体内在的生理条件和外部的社会条件）需求的反映，会受到社会经济条件的限制。例如，某个人想在冬天去海南旅游，这个需要是他个人的一种主观愿望，但这个愿望并不是凭空产生的，可能是因为冬季的寒冷促使他想找一个温暖的地方度假，寒假的闲暇时间和经济条件更进一步促使他产生这一需要。内在生理条件和外在社会条件对人共同刺激，最终产生了旅游需要。

二、旅游动机的内涵

旅游动机是指引发、维持旅游者的旅游活动，并使该活动朝向特定目标的心理过程或内部动力。旅游作为人的一种实践活动，是一种外在行为，总是需要某种力量的激发才会产生。人的旅游行为就是在旅游动机这一内部力量的推动下产生的。一个人一旦产生旅游需要之后，动机就推动其为满足旅游需要而进行种种努力，把行为指向特定的方面，即做出旅游决策，开始旅游活动，维持旅游活动的进行并达到目的，满足需要，最终消除心理紧张。不管旅游动机如何复杂，其实质都是为了满足人们的多种旅游需要。任何动机的产生都受到主观和客观两方面因素的影响，旅游动机的产生也同样受主观和客观因素的影响。

（一）旅游动机产生的主观条件

产生旅游动机的首要条件，是旅游者（或潜在的旅游者）具有对旅游活动的需要。繁忙而紧张的工作会消耗人们巨大的体力和精力，带来身体和精神上的疲劳，长期处于这样的环境和状态迫使人们想从眼前的现实中逃离出去，暂时摆脱繁忙的工作状态，改善自己的生活内容和生活节奏，使身心得到彻底的愉悦和放松，因此人们会主动去寻求一个全新的环境，参与不一样的社交活动。旅游可以使人们暂时摆脱单调、紧张的工作环境和生活状态，成为满足调节身心状态需要的一种活动方式，这是由人们的生活和工作而产生的需要，是基本的、典型的旅游需要之一。

同时，人们长期生活在一个特定的空间、特定的地域和特定的社会环境中，对生活环境之外的一切都充满了好奇，迫切地想了解自身以外的事物和体验，渴望去探索未知的一切，这就产生了探索求知的需要。探索求知的旅游需要，使人们对于自己所在地之外的自然现象和自然景观、国家和民族的社会文化以及风俗习惯等都产生浓厚的兴趣。这种需要的突出特点表现为人们对新鲜事物或现象的探索和体验的强烈的心理倾向。

（二）旅游动机产生的客观条件

1. 时间条件

时间条件指人们所拥有的闲暇时间，即在日常工作、学习、生活及其他必需时间之外的可以自由支配的时间。人们外出旅游必然要占用一部分时间，如果不能摆脱公务或工作，没有可供自己自由支配的闲暇时间，人们就难以产生旅游动机，即使可以产生也很难得到满足和实现，并且持续的时间很短。除中秋、端午和清明等法定假日，以及十一和春节两大黄金周之外，政府还颁布实施了《职工带薪年休假条例》使假日时间总量增加。实践证明，这些时间条件对中国人旅游动机的产生起着十分重要的作用。

2. 经济条件

旅游是一种消费行为，需要有一定的经济基础。如果财力有限，经费不足，旅游活动就无法实现。同时旅游是人们生活水平和生活质量提高的一个重要特征，只有在基本生活得到保障之后，才会产生并形成旅游动机，当一个人的经济收入仅能满足维持其基本的生活费用时，那么他就不会有更多的财力去支付旅游的开销，也就不太可能产生外出旅游的动机。通常来说，一个国家或地区经济的发达程度与外出旅游的人数成正比。按照国际经验，当一国的人均GDP达到800美元至1000美元时，居民普遍会产生国内旅游动机；当人均GDP达到4000美元至10 000美元时，居民会产生出境旅游动机。中国社会目前正处小康阶段，国家统计局的数据显示，2019年全国居民人均可支配收入30 733元，比上年增长8.9%，扣除价格因素，实际增长5.8%。2019年国内旅游人数60.1亿人次，入境旅游人数1.45亿人次，公民出境旅游人数达到1.69亿人次，全年实现旅游业总收入57 300亿人民币，对照国际经验，目前正是旅游需求蓬勃发展的时期，我国的旅游消费需求总体上保持稳定增长态势，旅游消费潜力将进一步得到释放。

3. 社会条件

社会条件主要是指一个国家或地区的经济状况、文化因素、社会环境和背景等方面。旅游作为现代人的一种生活方式，不可能脱离社会环境和背景的影响而独立存在。在一个旅游风气浓郁的社会环境中，人们的旅游动机将会非常强烈。同事、朋友、邻居的旅游行为及其旅游精力往往能够相互感染，或者形成相互攀比的心理，使人们产生外出的动机，反之，如果旅游在社会中没有形成风气，人们对旅游的评价太低，人们的旅游动机就很难产生。

三、旅游动机分类

旅游网站Tripadvisor关于旅游者出行动机的调研结果显示，对于大多数的旅行者来说"开阔视野"是其旅游度假的首要动机（全球占比71%，中国占比66%），其次是"释放"（世界占比62%，中国占比65%），"循规蹈矩"和"和谐"动机则是全球旅游者选择最少的，占比仅21%。与人们普遍看法不同的是，中国游客并不认为"尊贵奢华"是他们的旅游动机，仅有14%的中国人愿意把尊贵奢华的旅游体验作为出行的动机。虽然"开阔视野"是全球公认的最主要的旅游动机，但是不同国家的人喜好也不太一样：南非、英国和意大利的旅行者期望有"和谐"、身心统一的旅行体验，巴西、泰国和中国的旅行者喜欢"释放"的感觉，俄罗斯旅行者则更喜欢在旅途中找到"尊贵奢华"的感觉。除此之外，国外医疗养生、健身美体已成为出境旅游新动机。

2017年国家旅游局对全国60个样本城市开展的《中国大陆居民出游意愿调查》结果显示，度假休闲、排解工作压力和旅游观光、增长见识的是居民选择出游的两个主要原因，此外，寻觅清新自然的绿色生态也是假日出游的一个重要因素。

暑期修学游、亲子游、生态旅游、医疗旅游等新兴旅游业态已经形成市场热点，国内旅游市场旅游者的旅游需求持续释放，旅游动机日趋多元。

综合学者已有的分类以及旅游业的发展态势，综观历代旅游者的活动表现，横观现代旅游者的多样化需求，将现代旅游者的旅游动机做如下分类：

（一）以休闲度假为主的享乐型动机

现代人的生活节奏快，工作竞争激烈，心理承受的压力非常大。为了缓解这种紧张的状态，人们希望能通过外出旅游暂时摆脱平日紧张单调的工作和生活环境，从这种紧张的状态中抽离出来以达到调节身心、忘记烦恼、消除紧张的目的，从而可以精力充沛地返回工作岗位迎接新的挑战。我国国民经济不断发展，旅游者的可自由支配收入提高。与此同时，《职工带薪年休假条例》等政策的落实，旅游者可支配时间增多，经过改革开放后30多年的积累，一个以休闲为主的旅游时代到来，旅游者"休闲度假"的诉求将得到极大地满足。

（二）以身心健康为主的养生型动机

身心健康是历史最悠久的旅游动机之一，人们自古以来就有健康长寿的愿望。随着现代社会经济发展水平进一步提高，医疗条件得到很大程度的改善，人们更加关注生活品质的提升。与此同时，快速发展的经济和高度的城市化进程导致大气污染、生态环境恶化等直接造成人们生活品质的下降。以治疗疾病、恢复和增进身体健康的医疗旅游，各种自然风光为主的海滨区和温泉疗养区，以及有较好艺术氛围的小镇或者田园风光的乡村等，便成为具有养生动机的旅游者的首选。比较而言，在动机体系中这种动机占优势地位的旅游者通常是生活条件优越的人，尤其是中老年人。

（三）以开阔视野为主的求知型动机

徐霞客为了探索大自然的奥秘，寻找大自然的规律，"达人所之未达，探人所之未知"，所到之处必探幽寻秘，记录观察到的各种现象、人文、地理、动植物等状况，最终完成《徐霞客游记》这一大作。学习行为是人类区别于其他动物最典型的特征，求知欲是人们典型的内在心理驱动力，也是人们获得知识、完善自我、提高自我的重要途径。求知型动机的旅游者进行旅游活动的主要目的就是开阔眼界，丰富人生阅历，希望通过旅游对自己生活的城市、国家有进一步的认识和了解，接触更多有民族特色的传统文化以及异国风情的建筑和历史。一般情况下，具有这种旅游动机的旅游者具备一定的文化素养，对自我要求比较高，知识结构比较丰富和完善，他们会在旅游过程中抓住任何一个学习的机会，比如参加国内外知名的学术论坛、进行学术调研、出国访学、参观博物馆和美术展览馆等。"暑假修学游""研学"以及以教育为目的的"亲子游"都是为求知型动机的旅游者量身定制的。

(四)以情感维系为主的社交型动机

在一个普遍使用高新技术的社会里,到处都需要有补偿性的情感联系。技术越发达,就越需要创造有深厚感情的环境,也就是需要用社会的柔性来平衡技术的刚性。每个人都生活在一定的社会群体中,个体无法孤立地存在,必要而主动地进行社会交往,保持与社会和他人的接触,可以在最大限度上满足个体对归属和爱的需要。一方面,在家乡情结的驱动下,人们重归故里探亲访友;为了探望好友,维持彼此间的感情和友谊,人们经常会愿意花费一定的时间、精力和财力到另一座城市甚至是出国去旅行满足社交的需要。另一方面,具有共同兴趣爱好的人们对某些事物具有相同的态度和价值观,他们渴望能够与拥有共同兴趣的人和社团组织进行联系和交往,并自发组成非正式的旅游团,比如登山队、摩托车俱乐部、垂钓爱好者、观看或参加体育赛事等,"光影旅行网"就是这样一个专为旅游爱好者成立的旅游服务网站,企业之所以成功正是因为他发现了旅游者的这一特征和需求。此外,个人、团体以至政府的访问、公事往来、文化技术交流活动等都包含社会交往动机的成分。具有社会交往动机的旅游者,一般希望旅游中的人际关系亲切、友好、热情,渴望得到对方的关心和注意,同时会主动地互动和交流,更注重精神上能够产生共鸣。

(五)以探险求奇为主的参与型动机

好奇和探索的欲望是一种典型的内在心理驱动力,也是人们完善自我、提高自我、挑战自我的重要途径。好奇探险动机强烈的人,出于追求新奇刺激的心理感受和体验,即使活动项目具有某种程度的危险性,也不会成为他们外出旅行的障碍,甚至这种风险和刺激会强化他们的旅游动机。探险求奇型的旅游者喜欢追求和尝试新鲜事物,追寻和满足心理上的刺激。他们会要求旅游活动具有新异性和挑战性,倾向于探索尚未开发的旅游目的地,参与一些具有挑战性的运动项目,比如,蹦极、跳伞、爬珠峰等。

(六)以宗教朝觐为主的信仰型动机

以宗教活动为目的的旅游活动,是指人们为了宗教信仰参与宗教活动、进行宗教考察和观礼等而离开居住地的旅行活动。出自宗教信仰动机的旅游者主要是为了满足自身精神层面的需要,寻求精神上的寄托,一般都是具有宗教信仰的人。目前,世界上有众多宗教和信徒,宗教团体会集中组织和安排信徒到异地参与宗教活动,进行深层次的交流和学习,如信奉伊斯兰教的教徒去麦加或麦地那朝圣,信奉佛教的人们会去少林寺或灵岩寺等著名佛教圣地去寻游等。此外,民间还有许多在特定地点举行的祭祀活动,也有许多非信徒在宗教活动时前往参观、考察。许多地方宗教庆典已经成为民族的传统节日,这些活动都将吸引大量的游客。

（七）以实现自我为主的象征型动机

从马斯洛的需要层次理论来看，尊重和自我实现是属于高层次的需求，但是在日常生活中，出于多种原因，这种需要并不能得到很好的满足。由于旅游活动本身具有某些属性进而成为某种身份的象征，通过参加旅游活动可以更好地满足人们追求自尊的心理需要。旅游活动和产品，比如，旅游活动涉及的一些设备，如越野车、豪华游艇、高尔夫球场等；以及只有少数特定群体才会参加的旅游项目，比如法国或澳大利亚的酒庄旅游等都具有很高层次的象征意义。通过购买的产品和参加的活动可以看出一个人的生活品位和社会地位，购买高层次的旅游产品本身也就赋予了旅游者以声望、地位或与众不同的心理感受，同时旅游者也可以以此作为向他人炫耀和展示的资本。因此，人们参加旅游活动不仅仅是为了放松身心、学习知识、社会交往等，他们同时也希望通过旅游活动改善自我形象，提高社会地位，从而获得更多来自自己和他人的尊重。例如，度假过程中下榻豪华的五星级酒店、参加高档的私人派对等，这些行为本身就是个人取得成功和成就的象征，可以充分满足自尊的需要。

旅游动机是因人而异的，每一个旅游者的行为也并非只受一种动机驱动，常常会有几种旅游动机同时存在，以某种旅游动机为主，兼有其他动机。

第三节 旅游消费者动机的经典理论

一、普洛格的旅游动机理论

普洛格提出的旅游动机模型是旅游学界较广泛使用的模型之一。普洛格的旅游动机理论是与旅游者人格分类结合在一起的，他将旅游者分为"自我中心型"、"多中心型"和"中间型"。"自我中心型"人格的旅游者，特点是思想谨慎，多忧多虑，不爱冒险；行为上表现为喜安逸和好轻松，活动量较小，喜欢熟悉的气氛和活动。"多中心型"人格的旅游者正好相反，他们的特点是思想开放，兴趣广泛多变；行为上表现为喜新奇，爱好冒险，活动量大，不愿意随大流，喜欢与不同文化背景的人相处。除了这两个极端以外，"中间型"是综合以上两个极端类型特点的综合型。特征不明显。"近自我中心型"和"近多中心型"则分别属于两个极端类型与"中间型"之间的过渡人格类别。虽然这一理论为理解旅游动机提供了一种有价值的方法，但实际却很难应用。因为影响旅游者选择目的地的旅游动机是复杂多样的，旅游者在不同的情况下可能持有不同的旅游动机，这会使他们在目的地选择上表现出不同的人格类型。

二、麦金托什的旅游动机理论

美国著名学者麦金托什将旅游动机划分为以下四类。

（一）身体动机

身体动机是指旅游者希望通过旅游活动锻炼身体，消除内心的压力和紧张。有这种旅游动机的旅游者大多会参加体育运动、户外娱乐、洗温泉、泡药浴等旅游活动。

（二）文化动机

文化动机是指旅游者希望通过旅游了解旅游目的地的音乐、艺术、民俗、舞蹈、绘画、宗教等文化，从而扩大视野和丰富知识。

（三）交际动机

交际动机是指旅游者希望通过旅游加强与他人的交往与联系，包括接触其他民族、探亲访友、结交朋友以及摆脱日常事务等。

（四）地位和声望动机

地位和声望动机是指旅游者希望通过旅游赢得他人的注意、尊重和获得良好的声誉。出于这种旅游动机的旅游包括商务旅游、会议旅游、奖励旅游和修学旅游等。

三、皮尔斯的旅行生涯模式理论

旅行生涯的概念原型是皮尔斯等人早期研究得出的旅行生涯阶梯模型。根据旅行生涯阶梯模型，游客的需求动机呈现出层级或阶梯形式，最基础的是放松需求，之后依次是安全保障需求、关系需求，自尊和发展需求，最高层次是自我实现需求。该概念模型假设人们具有一个类似职业生涯的旅行生涯，背后的核心思想是游客的动机随着旅游经历的积累而变化。游客随着自身旅行经历的增加，逐渐追求更高层次需求动机的满足。大部分游客都会系统地经过各个需求阶段，因而可以预测他们的旅游动机模式，一般是沿阶梯逐渐向上，但也有可能稳定在特定的需求层次上，这取决于健康、财务等因素的稳定性或局限性。旅行生涯理论被广泛应用，甚至扩展到了商业咨询机构，但缺乏足够的实证研究支持这一理论假设。

在经过二十多年的发展后，皮尔斯进一步提出了旅行生涯模式理论。该理论划分了三个层次的旅游动机，每个层次都包括不同的旅游动机。最重要的共同动机（如新奇、逃离/放松、关系强化）位于核心层中间层是较为重要的旅游动机，从内部导向的旅游动机（如自我实现）转变为外部导向的动机（如体验自然和对当地社会的参与）；最外层由相对稳定、较为次要的旅游动机组成（如怀旧、独立、社会认同）。旅游者在旅行生涯的各个阶段都会受到这三个层面的动机的影响，但随着其社会阅历和旅游经验的丰富，旅游者的中间层的动机会由内部导向转为外部导向，与旅行生涯阶梯理论相比，旅行生涯模式理论对于旅游动机的研究提供了更有意义的信息和解释。但旅游生涯模式理论还处在发展阶段，其有效性有待进一步证实。

四、推拉因素理论

1977年，美国学者丹恩提出了旅游动机的推拉理论。他认为旅游行为受到两个基本因素的影响，即推动因素和拉动因素。推动因素是指促使旅游愿望产生的内在因素，拉动因素是指影响旅游者去哪旅游的因素。丹恩在旅游动机评价中归纳了七种类型的旅游动机。

（1）旅游是一种缺失和欲望的反映。丹恩认为，现代社会人情淡漠，人们需要通过旅游结识更多的朋友。

（2）因旅游目的地的吸引而产生的旅游动机。这主要是指在主观意愿和外部拉力的共同作用下产生的旅游动机。

（3）因幻想产生的旅游动机。旅游动机可能由于旅游者可以在旅游目的地从事一些在常住地不被认同的活动。例如，赌博活动在大多数国家和地区是违法的，但是在中国的澳门和美国的拉斯维加斯等地却是合法的活动，这吸引了很多游客到这些旅游目的地旅游。

（4）分类动机。丹恩认为，由于物以类聚、人以群分，具有共同爱好和目的的人通过旅游聚到一起，如探亲旅游、修学旅游、商务旅游等。

（5）与旅游者类型相关的动机。不同类型旅游者的旅游动机不同，如向往大自然的旅游者希望在旅游中放松身心，而另一类旅游者则是为了追求刺激和新奇的体验。

（6）与旅游者经历相关的旅游动机。人们通常希望到自己没有去过的地方去获得新的体验，由于旅游者经历的不同，其追求的旅游体验也会有很大的差异。

（7）追求深层次自我认知的动机。人们希望在旅游中寻找自己，发挥自己的潜能，体验挑战极限的乐趣。

克朗普顿支持丹恩的推拉理论，他确定了七种推动型动机和两种拉动型动机。推动型动机包括逃避、自我探索、放松、声望、回归、密切亲友联系和增加社会交往，拉动型动机包括新奇和教育。

五、逃离和寻求二维理论

曼内尔和伊索哈拉提出了逃离—寻求模型来解释旅游动机。逃离是指从日常环境中逃离的愿望，寻求是指通过旅游寻求心理补偿的愿望。逃离和寻求共同作用于旅游者的动机，进而影响旅游者的旅游行为。他们提出，人们的旅游动机，是为了逃离他们生活环境中的个人或人际问题，并希望获得个人或人际关系的补偿和回报。其中，旅游者追求的个人方面的回报包括自主决策权、能力意识、知识、挑战、探险、放松等；人际关系方面的回报则源于与社会的互动。

【本章小结】

1. 旅游需要是指旅游者或潜在旅游者感到某种缺乏而力求获得心理满足而产生的一种心理状态，即对旅游的愿望和要求。

2. 旅游动机是指引发、维持旅游者的旅游活动，并使该活动朝向特定目标的心理过程或内部动力。

3. 旅游动机的过程为，一个人一旦产生旅游需要之后，动机就推动其为满足旅游需要而进行种种努力，把行为指向特定的方面，即做出旅游决策，开始旅游活动，维持旅游活动的进行并达到目的，满足需要，最终消除心理紧张。

4. 旅游动机产生受到旅游需要、旅游感知等主观因素的制约，也受到客观条件的影响，如符合旅游消费者的旅游对象、时间条件、经济条件、社会条件等。

5. 人们外出旅游的动机是多种多样的，世界各国学者从不同角度对旅游动机进行了不同的分类，本书将旅游动机分为七类，即享乐型的旅游动机，养生型的旅游动机，求知型的旅游动机，社交型的旅游动机，参与型的旅游动机，信仰型的旅游动机，象征型的旅游动机。

6. 有关旅游动机的经典理论有普洛格的旅游动机理论、麦金托什的旅游动机理论、皮尔斯的旅行生涯模式理论、推拉因素理论等。

【思考与练习】

1. 旅游需求、旅游动机的定义是什么？

2. 简述旅游动机的产生过程。

3. 在你的朋友圈里调查旅游消费者动机，归纳总结并与本章学习的旅游动机类型做比较。

第三章

旅游者的知觉

【学习目标】
- 了解旅游知觉的内容和特点
- 了解社会知觉的含义及对人知觉中存在的误区
- 掌握旅游者所感知到的旅游条件

第一节 旅游者的感知觉

感知觉是我们理解世界的过程。感觉与知觉是连续不可分的两个认知阶段。感觉以感觉器官为基础接受外界信息，这些信息经过头脑的综合与解释，产生了对事物整体的直接反映，即为知觉。不同的人面临相同的环境会产生不同的知觉反应。

一、知觉理论

（一）什么是知觉

知觉是选择、组织并解释感觉刺激，使之成为一个有意义连贯的整体映射的过程。过去人们把知觉理解为照相机拍摄的过程，而计算机模拟知觉的研究发现它是一个主动探索客观世界的过程，在这一过程中，大脑对大量离散的感觉信息进行选择加工，当知觉表达来自感觉输入的信息时，就发生自下而上的加工。当知觉表达受个体的经验知识、动机、期望及其他高级精神活动的影响时，就发生自上而下的加工。

（二）知觉的特性

1. 知觉的选择性

人的感官和大脑接受、加工信息的能力是有一定限度的，再加上主体的主观经验和情感，于是在对外界的众多刺激进行知觉时，只能选择以少数事物为对象，而以其他事物作为背景。这种情况产生了知觉模糊，如图 3-1 所示。花瓶还是人脸？Necker 立方体：向上还是向下？鸭子还是兔子？

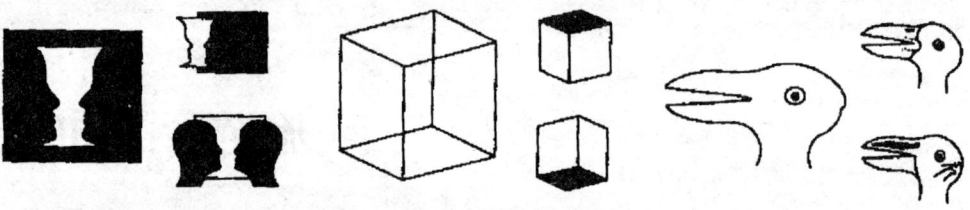

图 3-1 知觉模糊

资料来源：【美】理查德·格里格，菲利普·津巴多．心理学与生活,105 页．北京：人民邮电出版社，2003.

　　花瓶/人脸和 Necker 立方体的例子表明了知觉组织阶段的模糊性。花瓶/人脸的图中如果以黑色为对象，而以白色为背景，看到的是两个相对而望的人脸；如果以白色为对象，而以黑色为背景，则看到的是一个花瓶。

　　Necker 立方体的图中可以看成从左下方朝上的或者右上方朝下的三维中空的立方体。对于这两个图形，模糊变换是由于三维空间中的物体从不同角度去看产生的差异，但都基于同一个刺激图形。

　　鸭子/兔子的例子表明了知觉识别阶段的模糊性。在两种解释中其物理形状是相同的。模糊性出现在决定它代表哪种动物以及在这种信息混淆的情况下如何对其分类。

　　影响知觉选择性的因素主要有以下几点：

　　（1）对象与背景的关系。人们对对象与背景的知觉是不一样的，对象似乎在背景的前面，轮廓更分明、完整。背景可能没有确定的结构，作为一种有意义的衬托。在对象与背景双关图中，二者差异很大，但共用了同一种轮廓线。对象与背景可以互换，并且这两个刺激对个体具有相同的意义度。

　　首先，对象与背景差别越大，越容易使人看到，如"比萨斜塔"与众不同，"庐山瀑布"飞流直下，都是十分醒目的。其次，对象是运动的，容易被人知觉。商店的霓虹灯是闪烁变化的，容易吸引游人的知觉。飞泻的大瀑布、泰山上的日出等都容易被人觉察。

　　（2）兴趣、需要。凡是符合人的某种兴趣、需要的事物容易引起知觉。信佛教的人对佛教寺庙就容易产生知觉。对儿童来说，儿童娱乐设施和活动设备更容易引起他们的知觉。

　　（3）知识经验。对旅游和旅游景点的知识经验会影响旅游者知觉的选择性。

有些游客游览故宫后说:"房子真大,不过都差不多,没什么可看的。"这就说明游览没有成功,缺少必要的历史知识和深度。有经验的游客会细心听导游讲解,并购买浏览手册,详细向导游提问。事实上,当导游员作了适当的讲解后,浏览景观就会更全面、深刻,游客也就会对景观进行正确的知觉选择。

(4)情绪。情绪对人的知觉选择性影响很大。但凡人情绪低落时,就不愿意观察周围环境,或逃避周围环境。而心情高兴时,就对周围的一切都感兴趣。旅游工作者应该重视愉悦游客身心,调动其积极乐观、热情投入的旅游情绪。

2. 知觉的整体性

知觉整体性是指超越部分感觉刺激相加之总和所产生的一种整体性经验。比如苏州园林中,山石、流水、小桥、植物、楼亭单独看起来似乎缺少趣味,但组合匹配在一起就会构成从各个角度看都不同的精美画面。看一个人绝不是对头发、眼睛、嘴等分散来看的,而是作为一个整体产生知觉的。

知觉整体性遵循三个原则:

(1)邻近性。在时间、空间上彼此接近的感觉刺激,容易知觉为一个整体。在图 3-2 中,人们知觉上倾向于按行知觉图形,常常会看作 4 行,而很少看成 9 列。这一原则经常运用到旅游广告的画面处理上。

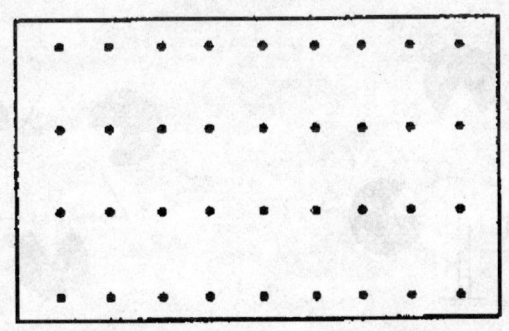

图 3-2　邻近性对知觉的影响

资料来源:马谋超、高云鹏.消费者心理学,31 页.北京:中国商业出版社,1997.

(2)相似性原则。凡是在形状、颜色、大小或其他属性上相似的刺激容易归为一类。在图 3-3 中,人们通常把三角形知觉为一列,把圆形知觉为一列,较少可能按行排列。我们也经常把这一原则用于旅游宣传上。如某个风景区命名为"小桂林""小三峡"等,用其与著名景区的相似而招徕游客。

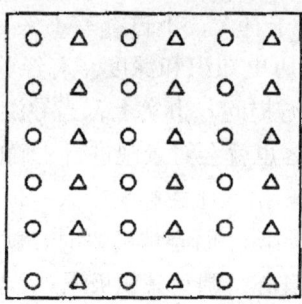

图 3-3　相似性对知觉的影响

资料来源：马谋超、高云鹏.消费者心理学，31页.北京：中国商业出版社，1997.

（3）完好性（封闭性）原则。对于不完整的、零散的刺激，知觉倾向于将其充满与完善，大脑会自动补充些信息使之成为"完形"。在图3-4中，对于左边的图形，人们常常知觉到一棵杉树突出在背景上，但其实这里并没有出现杉树图形；右边的图形也常常被知觉为一个完整的三角形叠加在另一个三角形上，其实这两个三角形都不是真实存在的，而是知觉的完好性造成的错觉。在山水旅游中，人们常把互相没有关联的山水景物联系在一起知觉，然后加以想象，使之形成一个整体。

图 3-4　完好性对知觉的影响

资料来源：【美】理查德·格里格，菲利普·津巴多.心理学与生活，105页.北京：人民邮电出版社，2003.

3.知觉的理解性

知觉中有人的意识、经验、情感、态度的参加，是一个主动的信息加工的过程。人们对知觉的对象用词、概念表述出来的倾向称为知觉的理解性。

知觉的理解性在旅游者旅游中有着十分重要的意义。它会使旅游富于乐趣，收获更广、更多、更高。自然的山水原本是没有意义的，但经过旅游产业的加工就变得有旅游意义了。如北京房山著名的"石花洞"，景区对一些特殊的钟乳石进行神话式、拟人式、拟物式的解释就使游客游兴大发。越是经常旅游，就越能增强对旅游的理解性。

第二节 旅游过程中的社会知觉

社会知觉是个体在生活实践的过程中，对个人、群体以及组织特性的知觉。社会知觉是影响人际关系建立和活动效果的重要因素。旅游活动过程中的社会知觉主要包括对人的知觉和人际知觉。

一、对人的知觉

对人的正确知觉，是建立正常的人际关系的依据，是有效地开展活动的首要条件。认知一个人可以通过其讲话的内容和风格，行为的方式及其在社会活动中的表现等外显行为来了解一个人的心理及品质，形成一个初步的印象，从而获得其兴趣、爱好、个性心理特征等方面的认识。人际交往中对人的知觉包括很多方面，其中主要的有：

（一）表情知觉

表情是个人情绪状态的外在显现，是个人身心状态的一种客观指标，也是向他人传达信息的一种工具。面部表情包含着十分丰富的内容。比如，人生气时，会拉长了脸，肌肉下沉；人高兴时，会"喜笑颜开"，肌肉松弛。另外，在人们的交往中，要想达到更好的交际效果，还要学会巧妙地使用目光。譬如，要让对方感到一种亲切感，就让眼睛闪现热情而诚恳的光芒；若要给对方一种稳重感，就应送出平静而诚挚的目光。一个人的情绪状态还可以通过声音来判断，如笑声反映了旅游者的愉快情绪，唉声叹气则反映了旅游者的失望和无奈。因此，在旅游服务过程中，旅游从业人员要善于察言观色，以便为旅游者提供更满意的服务。

（二）性格知觉

性格是人稳定的个性心理特征，它是指人对现实的稳定的态度和与之相应的习惯化了的行为方式，是人们心理差异的重要方面，是个性的核心。性格是在长期生活实践中塑造出来的，一经形成便比较稳固，同时这种比较稳定的对现实的态度和行为方式贯穿在人的全部行为活动中，在各种情境中都会表现出来。性格在很大程度上是一个人思想、品德、世界观的具体标志。当我们对一个人的性格有了深切的了解之后，我们就可以预测这个人在一定的情境中会有什么样的反应。在安排工作时，也可根据不同职位对不同性格的人有针对性地进行安排，充分发挥其性格的长处，会取得事半功倍的效果。如前厅部服务员要选择性格外向、开朗大方、热情耐心的人担任，客房部服务员可选用办事认真谨慎的人担任。

（三）角色知觉

角色是一个社会学概念，是指处于一定社会地位的个体，依据社会客观期望，借助自己的主观能力去适应社会环境而所表现出来的行为模式。旅游活动中的角色认识主要包括两个方面。

（1）从旅游者的社会地位和职业特点出发，推测其旅游行为和心理特征。例如，根据旅游者是工人这一角色特征，我们可以推断他们一般直率随意、不拘小节。

（2）根据旅游者的行为和心理特征，判断其所从事的职业和担当的角色。例如，如果旅游者谈吐文雅、见识渊博，我们据此可以推断他的角色可能是教师或专家。

每个人在社会上都扮演着各式各样的角色，而每一种角色都有其一定的行为标准。如在旅游服务接待工作中，导游与旅游者的关系一旦确定，他们就必须依照彼此所认可的角色进行交往。导游有权要求旅游者在旅游过程中遵守各种规定；而旅游者遇到问题时，也有权要求导游必须协助解决，旅游者有权利要求导游为他们提供相应的服务。

二、人际知觉

人际知觉是指对人与人之间相互关系的知觉。几乎任何一个人都要与其他人发生联系，形成人与人之间的不同关系，表现为接纳、拒绝、喜欢、讨厌等各种亲疏远近的状态。旅游活动中对人际关系的知觉，主要是研究旅游者与旅游服务人员之间、旅游者与旅游者之间以及旅游服务人员与旅游服务人员之间的关系。这些关系以各种交际行为表现出来，例如，相互接触和交往的言语、礼节、表情、态度等行为。旅游活动参与者之间的关系有友好、中立和对立三种，并形成与此相应的情感。通常我们从以下几个方面判断人际关系状况的类别。

首先是空间因素，人与人之间空间距离的远近是判断人们亲疏的一个重要标志。旅游参与者之间的空间位置越是接近，交往的机会因此也就越多，相互产生的知觉也就越真实。其次是交往的频率，相互交往的频率与人际关系的亲疏成正比。如果双方关系密切、融洽，交往就会频繁，反之，就会稀少。最后是相似的个性因素，一般来说，兴趣、爱好、价值观、年龄、性别相似的人容易相处，文化水平、职业、经济收入、社会背景、出身等接近或相似的人容易互相吸引。如果旅游者之间有接近的社会地位、类似的兴趣爱好等，他们的旅游心理和旅游行为规律就越接近和一致。旅游参与者若在人际交往中彼此在心理上相近和相似，就会形成友好的关系和情感。如果他们在交往中彼此发生过一些利害冲突，又未能得到妥善的处理，则会导致对立的关系和情感。对旅游经营者来说，要使旅游服务人员了解旅游团体中的人际关系状况，也要洞悉自身与游客之间的关系状态，建立与旅游者良好的人际关系，协调好旅游者与旅游者之间的人际关系，以便利用这种关系做好旅游接待工作，提高旅游活动的效果。

三、社会知觉中的误区

认知事物依赖于许多种因素，如认知主体、认知客体以及环境等，从认知主体心理方面看，存在一些社会知觉误区，使知觉者在认识过程中不由自主地在心理上处于一种准备的状态。它们的存在容易给社会认知带来偏差。社会知觉误区主要有以下几种：

（一）首因效应

首因效应即通常所说的第一印象，是人们在首次接触某种事物时所形成的印象。第一印象形成后很难改变。第一印象通常给知觉者留下很深刻、很牢固的印象，形成一种很难改变的心理定式，具有继续发挥作用的特点，对以后的知觉起着指导作用。人们在接下来的活动中，通常不自觉地戴着这副"先入为主"的"有色眼镜"，把当前的印象同"第一印象"联系在一起，根据第一印象对当前事物进行归类并做出判断。因此，第一印象直接影响着知觉者的后续态度。

（二）晕轮效应

晕轮效应是指由对象的某种特征推及至对象的整体特征，从而产生美化或丑化对象的作用。这就像月晕一样，由于光环的虚幻印象，使人看不清对方的真实面貌。

晕轮效应与首因效应一样普遍。它们都带有强烈的主观色彩，以主观推断代替客观现实，造成知觉偏见或歪曲。它们的主要区别在于：首因效应是从时间上来说的，由于前面的印象深刻，后面的印象往往受到前面印象的支配；而晕轮效应则是从内容上来说的，由于对对象的部分特征印象深刻，使这部分印象泛化为全部印象。所以，晕轮效应的主要特点是以点代面、以偏概全，常常是一叶障目，只见树木不见森林。

在旅游活动中，例如，客人第一次到某家饭店就餐时，恰遇到了一个服务员态度傲慢，就会认为这家饭店整体服务态度不好；有的外国人第一次到中国旅游，恰遇到了交通事故，就会认为在中国旅游很不安全；旅游者很可能因为某项服务质量不高或服务人员某次服务不佳，就认为该旅游企业的服务质量很差。因此，在旅游服务工作中，要利用晕轮效应的积极作用努力做好某一方面的工作，赢得旅游者的良好评价；同时，又要避免晕轮效应的消极作用，不要忽视任何小事，"勿以恶小而为之，勿以善小而不为"，不能因小失大，损害企业整体形象和利益。

（三）刻板印象

刻板印象是指由于受到社会的影响，知觉个体对某类事物和人群所产生的笼统的、共同的、比较固定的看法，在头脑中形成了关于某一类人的固定印象。知觉个体往往用陈规旧习对人、群体和社会进行分类，形成先入为主的印象。例如，在知觉他人时，常常按不同国籍、省籍、民族、性别、年龄、职业（如下所示）等进行归类，并用固定看法来认识、评价某一个体。

（1）国别：

英国人——举止文雅、保守、绅士风格派头

美国人——不拘小节、性格开朗、自由、放任、随心所欲、个人至上、自我为中心

日本人——忍耐、勤劳、精明、擅长于生意、具有侵略性

（2）省籍：

山东人——憨厚耿直、倔强、直爽

上海人——精明、能干、聪明

广州人——矮人、能干、吸收能力强、经商意识强、头脑反应灵活等

（3）性别：

男性——坚强、忍耐、有毅力、勇敢

女性——温柔、大方、胆怯

（4）民族：

美国白人认为黑人——懒散、不守纪律、爱捣乱

日本、美国认为妇女——只顾家庭，没有雄心壮志

云南、新疆的少数民族——能歌善舞

（5）年龄：

年轻人——马虎、急躁、办事不稳

老年人——头脑僵化、思维迟钝、墨守成规

刻板印象一方面有助于人们对众多人的特征进行概括了解；但另一方面，刻板印象具有明显的局限性，使人对知觉产生偏差。因为每一类人群中每个人具体情况不尽相同，而且，每个人的情况也会随着社会条件的变化而变化。因此，在旅游工作中，对于来自不同国家和地区的游客，除了要知觉他们的共同特征外，还应当注意不要受刻板印象的影响，要进行具体的观察与分析。

（四）假定相似性偏见

人们有这样一种倾向，人们在推测别人的动机和意图的时候，往往不自觉地以自己的内心想法为依据，总是认为他人和自己是相同的，这种现象被称为假定

相似性偏见,尤其当了解到他人的年龄、民族、社会地位等因素与自己相近时更是如此。人们喜欢由己推人,就是这种现象。一个不喜欢繁文缛节的人倾向于认为别人也讨厌礼节过多;而一个喜欢礼节和程式化的人,则倾向于认为礼多人不怪。弗洛伊德把这种现象称为"投射作用",就是个人把他们自己身上的特性归属到他人身上。有时要了解一个人,最好的办法不是让他自我评定,而是让他去评价别人,通过观察他对别人的看法或态度,从他对别人的评价中更能折射出他自己的特性,从而推测其内心的动机、需求和欲望。

第三节 旅游者对旅游条件的知觉

旅游活动主要是由食、住、行、游、购、娱等行为组成,与这些行为有关的事物就是基本的旅游条件。旅游者在做出旅游决策时需要考虑很多因素,其中旅游条件是要考虑的重要因素。旅游者首先要考虑的条件包括时间、旅游目的地、距离、交通等。旅游者对这些条件的知觉直接影响具体的旅游决策、旅游行为及对旅游服务的评价等。

一、对旅游目的地的知觉

旅游目的地是旅游活动的发生地。旅游者之所以做出到某旅游目的地旅游的决策,很大程度上取决于其对旅游目的地信息的知觉。了解人们对旅游目的地的知觉,有助于制订旅游资源开发计划,有助于制定旅游景区的促销方案,有助于提高旅游景区景点的整体管理和服务水平。

旅游者对旅游目的地的知觉主要受三个因素的影响:旅游景观、旅游设施和旅游服务。旅游景观应具备独特性和观赏性,这样才能把旅游景观的吸引力和旅游者的需要结合起来。例如,宜人的气候,美丽的自然风光,独特的人文景观,有参与性的旅游娱乐活动项目等。旅游设施应当安全、方便、舒适,有机地与旅游景观融为一体,增强美感。旅游服务要做到礼貌、周到、公平,旅游企业需要训练一支高素质的旅游接待服务队伍,向旅游者提供优质的服务。因此,作为旅游从业人员,一定要了解旅游者如何知觉可供选择的目的地,旅游推销人员应针对旅游者对旅游目的地的知觉去推销旅游产品。

旅游者对目的地的知觉过程通常可以分为两个阶段:旅游决策阶段和旅游消费行为实施阶段。旅游决策阶段的知觉印象影响旅游者对旅游目的地的选择。在这一阶段,人们对旅游目的地的知觉印象以间接信息为主,主要来自他人的经验或者商业渠道。旅游消费行为实施阶段的知觉印象影响旅游者对旅游行为的满足感和享受感。旅游者在这一阶段的知觉印象来自本人的亲身旅游经历和体验。旅游者在这两个不同阶段对旅游目的地知觉的特点提示旅游企业和旅游工作者：一是要加大旅游宣传的力度，提高旅游促销宣传的质量，努力推出一个良好的景区景点形象；二是要着力提高旅游产品的质量，以高质量的产品和服务赢得旅游者的满意，使其通过旅游活动获得美好的享受。

二、对旅游时间与季节的知觉

旅游者是在旅途过程中通过观赏风景获得美感的。观赏风景的时间和季节尤为重要。一般来说，观赏的时间主要是指季节、朝暮、晴雨等。因为自然景色会随四季、朝暮、晴雨的变化而变化，人的观赏心情也随之有所不同。郭熙在《林泉高致》中说过："春山烟，云连绵，人欣欣；夏山嘉木繁阴，人坦坦；秋山明净摇落，人肃肃；冬山昏霾翳塞，人寂寂。"欧阳修在《醉翁亭记》中也写道："若夫日出而林霏开，云归而岩穴暝，晦明变化者，山间之朝暮也。野芳发而幽香，佳木秀而繁阴，风霜高洁，水落石出者，山间之四时也。朝而往，暮而归，四时之景不同，其乐亦无穷也。"正是由于自然风景的分布组合总是受时间的变化和空间差异的影响，才形成了不同的季节有不同的风景。

因此当旅游者决定要去旅游时，首先要考虑去欣赏什么样的风景，在什么季节，在什么时间等。旅游时间与季节的把握直接着影响旅游者的知觉印象与知觉感受。对于旅游者来说，旅游时间和季节的知觉选择，一方面要充分掌握该旅游景点的地理位置、气候变化，根据旅游景点的特点来选择；另一方面还要因个体年龄、爱好和职业的特点来选择。

此外，旅游活动是特定情境下的一种活动，在旅游活动中，旅游者对时间的知觉是很敏感的。国内很多学者都倾向于用"一快、二慢、三准时"来描述旅游者对时间的知觉，即旅途要快，游览过程要慢，旅游活动安排要准时。

"旅途要快"就是为了在有限的闲暇时间里要完成预计的旅游活动，就必须设法减少无意义的旅途时间，包括办理必要手续和候机（车）时间都不可太长。"游览过程要慢"是因为游览是旅游活动的主要目的之一，在游览过程中，旅游者都希望能有充裕的时间从容地多观看、多欣赏到一些景色，慢慢品味，从而获得高质量的享受。"旅游活动安排要准时"是指整个旅游过程中各项活动的安排都能在计划之中，一切都要准时进行，如准时出发，准时返回，活动准时开始和结束。一切活动都要在预先限定的时间之内进行和完成，这样才不至于打乱原定的旅游计划。

三、对旅游距离与交通的知觉

（一）对旅游距离的知觉

旅游活动是在空间和时间中发生的。旅游者计算距离可能使用时间的长短做尺度，也可能使用空间的远近做尺度。因此在人们选择旅游景点的同时，还要考虑从居住地到旅游目的地的距离，人们对距离的知觉对旅游者的决策和行为既能产生消极的阻止作用，又能产生积极的激励作用。

1. 阻止作用

旅游是需要付出代价的消费行为，距离越远，所需付出的金钱、时间、体力等代价就越大。因此远距离往往使旅游者望而生畏。旅游者只有意识到，能够从旅游活动中得到的收获要大于所付出的代价或者认为自己有足够能力承担这种代价时，他们才会做出有关旅游的决策。这些与距离成正比的代价，抑制了人们的旅游动机，阻止旅游行为的发生。所以，在一般情况下，如果受到时间、金钱、身体状况等条件的限制，人们就不会选择远距离的旅游点。从这个意义上说，距离会对人们的旅游产生"摩擦力"的作用。由此我们也可以得知出境旅游的人数要比在国内旅游的人数少，近距离的游客比远距离的游客多的原因。

2. 激励作用

距离对旅游活动的产生既有阻止作用也有激励作用。从另一个方面来看，人们出去旅游的动机之一是寻求新奇和刺激，远距离的目的地有一种特殊的吸引力，能使人产生一种神秘感、新奇感和"距离美"的效果。当这种由神秘、陌生等因素构成的吸引力大于距离的阻止力，并且旅游者在时间、金钱、精力等方面又能承受时，距离就成了一种激励因素，激励或吸引旅游者到远距离的旅游目的地去旅游。这就可以解释为什么在经济条件等因素允许的条件下，人们往往倾向于到外地或比较远的地方旅游的原因。例如，北方人愿意到海南度假，南方人愿意到东北或西北旅行，最近几年一些旅游者倾向于出国旅游等，都是由于距离在发挥激励作用。

总之，距离对人的旅游行为既有消极的阻止作用，又有积极的激励作用。但是，哪一种作用更大，则取决于许多因素。这些因素除了旅游者自身的时间、金钱、精力、兴趣等之外，还和旅游景点的开发、建设、宣传等因素有关。所以，为了吸引游客，旅游从业人员首先应该提供高质量的旅游产品和服务，积极地开展旅游宣传，引导旅游者做出决策。

（二）对旅游交通的知觉

人们在旅游活动中只有利用旅游交通工具实现空间的转移，才能完成一次旅游经历。随着现代社会的发展，便利快捷的旅游交通为旅游者创造了优越的条件，旅游者可供选择的交通工具主要有飞机、火车、出租汽车、游览车和游船等。这些不同的旅游交通工具以各自不同的特点，满足不同层次和不同对象的旅游者的需要。但由于不同的旅游者有着不同的动机和需求，在交通工具的选择上就表现出差异性，这就是旅游交通知觉的特殊性。例如，有些喜欢时髦的旅游者选择乘飞机，一些节俭的旅游者则选择火车或汽车。此外，在攀登高峰的时候，旅游者为了避免过度的精力消耗或为了消遣享受，人们常常乘坐空中缆车。当人们在海上和江河上旅游时，常以游船作为交通工具。旅游者对于旅游交通的知觉，受到以下因素的影响：安全、速度、舒适程度、服务态度等。其中，安全因素对旅游者态度和行为的影响最大。

【本章小结】

1. 知觉是选择、组织并解释感觉刺激，使之成为一个有意义连贯的整体映射的过程。知觉具有选择性、整体性和理解性三大特性。

2. 旅游中的社会知觉包括以下部分：对人的知觉和人际关系知觉。人的知觉容易陷入几种误区，即首因效应、晕轮效应、刻板印象等。旅游者要想获得正确的社会知觉需要时时注意避免陷入上述误区。

3. 旅游者对旅游条件的知觉主要体现在三个方面：对旅游目的地的知觉，对旅游时间与季节的知觉，对旅游距离与交通的知觉。

【思考与练习】

1. 什么是旅游者知觉？
2. 结合旅游实践讨论首因效应、晕轮效应、刻板印象的影响。
3. 查找三个本章学习的运用刺激旅游消费者注意的广告案例，并分析广告刺激的原理和效果。

第四章

旅游者的学习

【学习目标】
- 掌握学习的含义以及作用
- 了解旅游消费者学习的四种理论
- 掌握旅游消费者学习的内容与途径
- 掌握成熟旅游者的表现

第一节 学习概述

学习是人的重要特征,人的学习行为是非常普遍的。学习是旅游消费者在旅游活动中不断积累知识和经验的过程,也是适应自身和环境变化的过程。同时,在学习过程中,旅游消费者的行为也在不断调整和改变。因此,对旅游消费者学习的研究具有重要的意义和价值。

一、学习的含义

学习是人们适应环境的动态过程,指人在生活过程中,因经验而产生的行为或潜能的持久的变化。学习是一种十分复杂的心理现象,它不仅与感觉、知觉、注意、思维等认知过程有着直接联系,而且还涉及人的情绪、动机、个性和社会化等问题。在消费者行为的研究中,我们可以将消费者的学习理解为:消费者在购买和使用商品活动中不断获得知识、经验和技能,不断完善其购买行为的过程。在这样一种关于消费者学习的界定中,有几个观点值得注意。

第一,学习是中间变量,它通常介于经验与行为之间。学习者必须凭借反复的体验积累经验,才能产生行为或潜能的持久性变化。通俗地说,我们不能直接观察到学习本身,当消费者在外界条件的作用下,他的原有行为发生改变时,就可以认为他是在学习。比如，一位女士可能从来没有化过妆，但追求美的心理促使她要学习化妆，她可以通过观看化妆的实际表演，或是阅读杂志上化妆的宣传介绍，学会化妆。这位女士通过学习完成了她从未执行过的行为，这就是消费者的学习。

第二，学习是一个过程，是人们主观能动性不断发展变化的过程。这一过程开始于消费者的观察、认知、经验、练习等，经过大脑的分析、加工、处理，最后使消费者行为发生一定的变化。就上例来讲，当我们看到化了妆的那位女士后，知道这是学习的结果，但学习的行为在她观看化妆表演或阅读杂志上刊登的化妆的宣传介绍时就已经开始了。所以，消费者不断购买商品、使用商品的过程，也就是一个不断进行消费学习的过程。

第三，行为改变是学习的必然结果。学习是如此的基本与平常，以至于我们几乎意识不到。只有当学习进程在某种程度上受到阻碍或行为有显著的改变时，我们才会注意到学习，学习的显著特征就是行为的改变。

学习既可能是来自消费者本人的亲身体验，如学习某种操作，不亲身实践就无法掌握；也可能是来自非亲身实践的学习，如消费者想买某产品，他可以通过广告、产品说明书、其他人的口传等信息渠道了解产品，学习到有关商品的知识。当然，由学习导致人行为的改变，有时是立刻就会发生的，但有时是潜移默化的，行为改变要在一段时间之后才会显现出来。这种情况在广告效应中最为典型。广告效果测试显示，重复的次数多了，就会导致消费者购买行为的改变。

二、学习的作用

1. 获取消费信息

消费者的购买决策是以获得有关购买商品的知识和信息为大前提。信息获取本身就是一种学习，而通过哪些渠道获取信息，获取哪些方面的信息，均需要借助学习这一手段。另外，在现代社会，随着产品更新换代的加快，消费者获取信息的内容也越来越多、越来越广、越来越杂，消费者或主动或被动地接触这些信息，而其中被消费者接受并能够影响消费者行为或行为潜能的可能只有一小部分。但是，正是这一小部分信息，使消费者行为不同以往，使他的购买决策更富于理性和趋于优化。

2. 触发消费联想

联想是指消费者由此一事物想到另一事物的心理过程。人们一提起教室，就联想到黑板、多媒体教学设备；最近几年，人们一提起"i"，就联想到苹果品牌，"i"系列几乎成了苹果的代名词。

联想有两种类型，一是刺激对象之间的联想，如由钢笔联想到墨水，由冬天联想到寒冷；二是行为与结果之间的联想，如由饮料联想到解渴，由面包联想到充饥等。联想在消费者行为中有着非常重要的作用，它既能触发消费者的购买行为，又能抑制或阻碍消费者的购买行为。很多企业在宣传其产品时，都试图通过语言、文字、画面促发消费者的积极联想，从而激起消费者的购买欲望。同样的刺激或暗示，对于不同的人可能会激发不同的联想，其中一个重要原因就是学习与经验使然。而且，企业营销人员发现，经由学习而产生的联想，经多次重复，日久天长，便会形成习惯。如家里的洗涤剂快用完了，消费者会自动地联想到离住处不远的"永辉超市"或"美廉美超市"购买某种品牌的洗涤剂。所以，企业营销人员千方百计在产品、品牌、消费者体验、学习、联想与购买之间寻找结合点，希望消费者长期购买本企业品牌的产品。

3.影响消费决策

学习的过程常常贯穿于消费者的购买决策全过程。我们分解消费者购买决策过程，会发现消费者通过学习，获取所需要的信息，对所要购买的商品有了大致意向后，在确定方案阶段，还要通过学习进一步掌握新的信息，以做出最后决策。所以，学习的过程也是选择购买方案的过程。需要指出的是，学习的作用会因学习的方式不同有所区别。学习可以分为正式与非正式两种。人们往往把学校的学习、系统的培训作为正式学习。就消费者购买行为来讲，更多的学习是非正式的。比如，从商场的橱窗中观察商品的陈列，或者在购买决策过程中，来自家庭、同事、朋友的意见、亲自使用某产品的体会等，都会不同程度地影响消费者的购买行为。

第二节 学习理论

消费者如何学习？这里提供行为主义学派、认知学派和观察学习理论来解释这一过程。行为主义学派研究的是主体接触到刺激后所发生的反应变化，提出了条件反射理论。认知学派把学习看作问题的解决，强调学习所带来的心理状态（态度和渴求利益）的变化。观察学习理论强调在学习过程中社会条件的作用。

一、经典性条件反射理论

运用刺激与反应之间某种既定的关系，使个体学会对不同的刺激产生相同反应的过程就叫经典性条件反射，由苏联生理学家伊万·巴甫洛夫创立。该理论认为，借助于某种刺激与某一反应之间的已有联系，经由练习可以建立起另一种中性刺激与同样反应之间的联系。这一理论是建立在著名的巴甫洛夫的狗与铃声的实验基础上的。实验是这样的，在每次给狗喂食之前都要打铃（称为条件刺激），于是在狗的大脑皮层上引起一个兴奋中心。紧接着给狗吃食物（称为无条件刺激），经过多次反复后，狗听到铃声就会分泌唾液（称为条件反射）。这时，学习或条件联系便产生了。具体地说，铃声由原来的中性刺激物变成了食物的信号。由这个实验可以得出一个结论，学习就是学会用一种新的方式对以前无关的刺激做出反应。同时，巴甫洛夫还提出，没有强化就根本不会发生条件反射。即便条件反射建立之后，这种神经联系也是有条件的，所以称之为暂时联系。不仅暂时联系的形成依赖于强化，而且它的巩固也依赖于强化。如果无条件刺激不再同条件刺激结合，那么暂时神经联系就会消失，狗再听到铃声也就不会流出唾液来了。

经典性条件反射的原理及其所得到的科学事实，可以用于消费者的学习。比如，海上的惊涛骇浪（无条件刺激）总是能够引发人们恐惧的情感（无条件反射），瑞士银行（条件刺激）的广告背景就是一幅在海上惊涛骇浪中，奋勇搏击的帆船图景，二者同时出现，反复多次，则瑞士银行的形象是：无论是惊涛骇浪，还是艰难险阻，瑞士银行都会勇往直前（条件反射）。再如，有的幽默广告本身引起情感的反应，开始消费者的情感仅限于对广告本身，但如果反复给消费者看这些广告，那么，广告所宣传的品牌同样会引起消费者愉快的感受，产生所谓的条件反应，或者称为"移情"。在这里，消费者有意无意地习得了对特定品牌商品的积极态度和行为。换句话说，一则令人感到亲切的广告，通过经典性条件反射就可能加强消费者积极的品牌态度，而并不需要表明使用该品牌本身会带来满足。

另外，经典性条件反射原理中的消退理论证明，企业知名度和美誉度的保持或巩固，同样必须不断用好的品质和优质服务来强化，否则知名度和美誉度就会消退，甚至走向反面。经典性条件反射理论也有它的不足，巴甫洛夫是通过不断重复条件刺激和无条件刺激，在条件刺激和条件反射间建立"刺激与反应"关系。这是传统的学习方式，即只集中解释了大量的由于刺激而导致的非自愿性反应。该理论不能解释更为复杂的学习心理与行为之间的关系。

二、操作条件反射理论

经典性条件反射理论只解释由刺激所引起的行为。但是，在大部分情况下，人的行为不仅仅是被动的行为，人是可以为了适应环境而能动地采取相应行为的。操作性条件反射理论解释的就是人为适应环境而能动地采取的行为。操作性条件反射理论也称工具性条件反射理论，它是由美国著名心理学家斯金纳提出来的。

斯金纳通过对白鼠进行实验发现，将饥饿的白鼠放置于箱中，当白鼠乱窜碰到杠杆时，就会掉下食物，这样反复多次，每次触动杠杆之后就能够得到食物，于是发展到白鼠主动触压杠杆以求得到食物。如此反复，这种行为就会得到强化，形成条件反射。由于触动杠杆是获取食物的一种手段或工具，因此，这一类型的学习被称为操作性或工具性条件反射。斯金纳的操作性条件反射与巴甫洛夫的经典性条件反射虽然基本观点一致，即学习是建立在条件反射基础上的，但是二者还是有一定区别的。在巴甫洛夫的经典性条件反射理论中，学习是先有刺激再有反应，或者说，行为反应是由刺激引发的，是一种对刺激的被动的应答活动。而斯金纳的操作性条件反射理论强调，学习是先有行为后有刺激，行为反应是自发出现的，而后才被刺激所增强。在操作性条件反射理论中强调了强化会加强刺激与反应之间的联结作用。

另外，斯金纳将强化分为正强化和负强化两种。正强化是一种积极刺激，它能引起消费者满意的体验。比如，使用一种护肤品使脸舒服、湿润、有光泽，就有可能使消费者多次购买这种护肤品。负强化是一种消极刺激，那些引起消费者不愉快反应的刺激物都可以看成是负强化。

操作性条件反射对理解复杂的消费者心理现象具有重要的意义。这个理论把消费者行为视为原先产品使用后的满意感的函数。按照该理论，消费者对自己的购买行为是可以主动控制的，从产品使用中获得的持续强化（反复满意）将会提高消费者再次购买这一品牌的可能性。

在操作性条件反射理论中还提到一种现象，叫自然消退。它是指某种条件反射形成后，不再受到强化，那么这种反射就逐渐减少，甚至消失。比如，消费者在有奖销售的影响下，购买了某种商品，当他以后再次购买同类商品时，没有受到奖励，就有可能不再购买该商品。另外，消费者对某种品牌或服务不再有好感，刺激和预期回报之间的联系终止的消退过程就会发生，消退过程使消费者再次购买相同品牌的可能性迅速降低。

三、认知学习理论

认知心理学认为，学习是一个解决问题的过程，而不是在刺激与反射之间建立联系的过程。在许多解决问题的情境中，并没有类似建立条件联系时那种可见的强化物，但并不意味着没有任何强化。实际上，解决问题本身就是一种很重要的强化因素。

最早研究认知学习现象的是德国心理学家柯勒。在1917年柯勒报告了他对黑猩猩的学习研究。在房间中央的天花板上吊着一串香蕉，但是黑猩猩站在地面够不到，房间里有一些箱子，但又不在香蕉下面。开始时，黑猩猩企图通过跳跃去取得香蕉，但没有成功。于是，它就不再跳了，在房间里走来走去，突然在箱子面前站立不动，然后很快地把箱子挪到香蕉下面，爬上箱子，从箱子上跳，取得了香蕉。有时候站在一个箱子上仍够不到香蕉，黑猩猩还会把两个或几个箱子叠起来，取得香蕉。柯勒认为，这就是对问题情景的一种"顿悟"，并且他认为黑猩猩解决问题是靠领悟事物之间的关系，对问题的情景进行改组，才使问题得以解决，是突然实现的。认知心理学派认为学习不是尝试错误过程，而是知觉经验的重新组织，是突然的顿悟。因此柯勒的学习理论就被称为"顿悟说"。

20世纪30年代，曾在美国加利福尼亚大学的贝克莱学院执教40年的心理学家托尔曼又对白鼠的"顿悟行为"做了经典的三路迷津实验研究。看白鼠怎样通过迷津找到食物。实验分为预备练习和正式实验两个阶段。在预备阶段，先让白鼠熟悉整个环境，并确定它对自出发点到食物箱三条通道的偏好程度。结果发现白鼠选择第一条通道的偏好程度最高。在正式实验阶段，先在A处设阻，结果白鼠迅速从A处退回，改走第二通道；随后再在B处将第二通道阻塞，此时，白鼠才改走路程最远且练习最少的第三通道。实验时，以随机方式在A处或B处阻塞，以观察白鼠的反应。结果发现，白鼠能根据受阻情境随机应变，选择最佳的取食物路径。

托尔曼认为，白鼠在迷津中通过到处游走，已掌握了整个迷津的认知地图，其随后的行为是根据认知地图和环境变化予以调整，而不是根据过去习惯行事的。托尔曼经过一连串的实验以后，得出结论，人和动物不仅对刺激做出反应，还会依照自己的知识和目的行动。

关于认知学习的理论很多，这里仅仅介绍了两种。这些理论虽然互有差异，但其共同点是强调心理活动，如思维、联想、推理等在解决问题、适应环境中的作用。认为学习并不是在外界环境支配下被动地形成刺激与反应之间的联结，而是主动地在头脑内部构造定型、形成认知结构的；学习是新旧知识同化的过程，即学习者在学习过程中把新信息归入先前有关结构中去，又在很大程度上支配着人的预期，支配着人的行为。

简而言之，认知学派对学习的解释是立足于学习者对问题的解决和对所处环境或情境的主动了解。这种主动了解并不像条件联系的学习那样，"盲目地"或机械地重复，而是如何在不同的情境中使用不同的手段。

认知学习理论对理解消费者的购买决策过程有很大的帮助。按照这一理论，消费者的购买行为总是先从认识需要开始，随后再评估满足需求的可选品牌，接着选出他们认为最可能满足他们的产品，最后评估产品满足需求的程度。

四、观察学习理论

观察学习理论主要是由美国心理学家班杜拉所倡导的。根据观察学习理论，人的许多行为是通过观察学习而获得的。所谓观察学习是经由对他人行为及其强化性结果的观察,一个人获得某些新的反应,或使现有的行为反应得到矫正,同时在此过程中观察者并没有外显性的操作示范反应。根据这个定义,观察学习有以下特点。

首先,观察学习并不必然具有外显的行为反应。

其次,观察学习并不依赖直接强化,在没有强化作用的情况下,观察学习同样可以发生。

最后,观察学习不同于模仿。模仿是学习者对榜样的简单复制,而观察学习则是从他人的行为及其后果中获得信息,它可能包含模仿,也可能不包含模仿。

利用观察学习理论可以诱导消费者特别是潜在消费者的反应。

第一,通过模特(通常说的榜样)讲解产品的积极作用和价值,演示产品的使用方法,就可以引起潜在消费者的注意,使他们模仿模特使用该产品。比如,宝洁公司的不同洗发香波用演艺明星做形象代言人,其目的就是通过这些演艺明星使用产品,引起潜在消费者的注意;或者消费者通过对别人行为的观察,熟悉产品的使用方法。这些都会影响消费者的重复购买行为,或扩大口碑效果。

第二,消费者可以通过观察别人体验营销、体验刺激时情感上的表现,决定自己的购买行为。

第三节 旅游者学习的内容与途径

对旅游者来说,旅游动机的产生、旅游态度的形成、旅游消费风险和购买旅游产品后疑虑的避免或减少,都需要经过学习这个过程。因此,旅游消费者行为的发生,很大程度上依赖于对旅游的学习。

一、旅游者学习的内容

(一)旅游动机的学习

动机是推动人们产生旅游行为的重要原因。心理学家认为,除了探索驱动力外,影响人们的许多旅游动机,如地位、焦虑恐惧、成就、独立、自信和自尊等都是后天习得的,是从家庭、朋友、熟人和其他人那里习得的。例如,人的地位本不是先天就有的,当他学习到社会地位和职业地位能给他带来威望并有助于他树立自我形象时,他就有产生地位的动机。这种后天习得的对于地位的需要又在很大程度上影响了其选择旅游地点、交通工具和住宿条件等旅游决策。

旅游动机是学习获得的这一观点,会使我们对旅游行为随着需要和动机的习得发生变化有更加全面的理解。从旅游业角度来看,依据动机是习得的这一观点，完全可以通过鼓励旅游者学习新的动机来影响他们的旅游决策。

（二）旅游态度的学习

一个人对旅游所持的态度同样产生于学习过程，这种态度在很大程度上是以人们的信念和意见为基础的。人们的信念和意见是从自己所属的群体或参照群体，从自己所生活的社会环境及新闻媒介那里学习到的。同时，人们也会从家庭朋友、熟人和老师那里受到影响，对各种事物产生自己的感情，这些感情也会帮助人们形成态度。

态度是个体的心理倾向，它是个体行为的内在准备，对个体行为具有强烈的促进作用。旅游态度的学习，会使人们产生旅游行为。旅游态度的学习途径是多方面的，主要有以下五个方面。

1. 通过社会角色学习

态度可以通过人们所担当的角色习得。每个人在生活的各个阶段都扮演着各种角色，而每个角色都是习得的。要扮演一个合格的角色，就要求一个人采取适合某种角色的态度。一般情况下，一个人在选择一组具体的态度方面有着某些灵活性，但完全拒绝一组适合某一角色的态度，就等于拒绝担当这个角色。

2. 通过受教育学习

人们的社会实践表明，不少深深铭刻在人们心中的态度是通过接受教育获得的。在旅游这个问题上，的确有不少人本来可能不打算旅游，一旦旅游对受教育很有价值，旅游就被看成是比较容易接受的事了。事实上，在近代旅游发展史上，为接受教育而进行环球旅行在欧洲曾经非常流行。

3. 通过提高感知能力学习

态度的习得也受到感知的极大影响，感知是态度形成的基础，如果没有对事物的理解与评价，则态度的形成便没有依据。在旅游活动中，人们的态度就是通过感知对环境和条件进行类化和标定确立的。

4. 通过了解社会文化发展学习

广泛的文化和社会变革也使人们形成新的态度，并以种种方式来改变原有的态度，而这些态度明显地影响人们的旅游行为。随着社会的发展和变化，人们的思想和观念发生了很大变化，"父母在，不远游"的思想观点早已被历史否定。在大多数人的心目中，旅游再也不是少数人的事情了。这正是在旅游这种社会文化现象影响下人们对旅游态度习得的结果。

5. 通过社会实践学习

态度也可以通过自身的经历、购买和使用旅游产品而习得。自身的经历、购买和使用旅游产品是在一定态度支配之下的社会实践活动，通过这种实践活动会证实或改变原有的态度。例如，一个对旅游持否定态度的人，原本是不会参加旅游活动的，若他在一个偶然的机会或在朋友的劝说之下，购买、使用了某一旅游产品并获得了一次愉快的经历，他便会改变原来的态度，变得肯定和热爱旅游，他的这种态度的改变就是实践的结果。

（三）旅游消费风险的学习

"在家百般好，出门万事难"，旅游消费中面临着许多风险因素。如同其他消费品一样，摆在旅游者面前的旅游产品也是五花八门、多种多样的。如何利用有限的金钱、时间去享受优质的旅游产品已成为旅游者做旅游决策时必须考虑的问题。旅游消费者的任何旅游决策都有可能产生预想不到的后果，使人心理不愉快。因此，旅游者有必要预期到旅游各种风险问题并尽量避免。旅游中的风险一般包括功能风险、安全风险、经济风险、心理风险以及社会风险。

1. 功能风险

功能风险涉及旅游产品的质量。当旅游消费者购买旅游产品和服务可能不如预料的那样满意或者消费的旅游产品和服务不像其广告上和承诺中那样好时，就存在功能风险。例如，飞机出现机械故障，旅游巴士半路抛锚，旅行社没有履行其所承诺的服务，某风景区因故突然不接待游客，酒店客房长途电话不通，卫生间无热水等。

2. 安全风险

旅游中的安全风险包括对身体、财产等方面的安全考虑。旅游者在旅游中比较注意景点、旅游活动是否对身体有危害，食宿是否安全，交通是否含有保险等。譬如到黄山的老年游客就不会轻易去登天都峰，因为那是对身体体能的严酷考验。此外，安全风险还体现在对他人有无人身威胁以及对环境有无危害上。

3. 经济风险

经济风险知觉是指旅游者的旅途花销能否购买到与之相应的旅游产品与服务的考虑。包括对住宿和游玩的开支是否合理，旅游时购买的物品花费是否值得的怀疑。

4. 心理风险

旅游者在旅游中的心理需求是多方面的，旅游者的心理风险指旅游者对旅游活动总的印象是否满意，购买的旅游产品和享受的服务能否增强个人的幸福感和尊严感，是否会改善个人的自我形象。当人们感到所购买的旅游产品花费不值得，可能导致时间、金钱的浪费时，就形成了心理风险。

5. 社会风险

社会风险是指对外出旅游能否得到亲友、同事及周围的人理解和赞许的考虑。如果不被他人认同，就会感到这次旅游不值得。旅游产品具有象征性，人们不仅注重自己在消费旅游产品中的感受，还会注重他人对自己所购买旅游产品的评价。如果花费时间和金钱购买一个不符合潮流或者在旅游中体会不到地位提高的旅游产品，就会构成一种社会风险。

二、旅游者学习的途径

旅游消费者行为的变化是通过学习获得的，学习旅游行为的途径包括获取经验和取得信息两个重要方面。

（一）通过经验学习

学习最为本质的东西是概括，旅游消费者往往希望把做决策所需要的时间和精力降低到最低程度，要做到这一点就必须加以概括，但概括可能引出积极结论，也可能引出消极结论。不管是积极的还是消极的结论，都会影响消费者的后续行为。例如，某旅游消费者在经历了某一消费之后，他概括出的是积极结论，且将继续享用该地区、该饭店、该旅行社的服务；如果他概括出的结论是消极的，不仅这次他不满意，而且以后也不可能再使用该服务了。

旅游企业应充分利用旅游消费者的这种概括倾向，采取措施将自己的各种产品和服务联系起来，或采取措施避免或切断这种联系。在旅游产品的推销过程中，一方面设法使旅游消费者对所推销的系列旅游产品中的某一种产品或服务产生好的印象，使旅游消费者通过概括化把经验推广到这个系列产品的其他产品中，从而扩大旅游产品销售量；另一方面设法使一些不合格的产品与其他系列产品区分开来，以免使旅游消费者的概括化把使用这不合格的产品的经验推广到其他系列产品中，从而破坏其他旅游产品的声誉。

（二）通过信息学习

信息是学习旅游行为的重要来源，当一个人接触和处理信息时，学习的过程就开始了。人们解决旅游所需要的信息主要来源于两个渠道，即商业环境和社交环境。

1. 旅游商业环境

旅游商业环境是由旅游业向旅游者发出的各种信息构成的，主要包括传媒的宣传、旅游广告人员推销和营业促销等。这些促销组合发出大量的旅游信息以推销旅游产品，大量的、经常出现的旅游信息对旅游者产生深刻的影响，达到"AIDA"效果，即引起旅游者注意（Attention），产生兴趣（Interest），激起欲望（Desire），付诸行动（Action）。旅游者正是从商业环境所提供的信息中对旅游产品产生兴趣，强化其已有的动机，改变态度并做出购买决策的。对缺乏旅游经验的旅游者来说，详尽的信息可以使其消除疑虑，产生购买的冲动，并付诸行动。

旅游商业环境对旅游者学习以至做出购买决策影响重大。旅游业要营造并运用好商业环境，经常利用各种传媒向未来的顾客传递与其有关的信息来推销自己的旅游产品和服务。旅游业创造性地传递销售信息可以唤醒潜在旅游者和旅游者对旅游产品和服务的注意，引发旅游者的兴趣，调动其联想，诱发其感情，强化其已有动机，促进或激发其对诸多可供选择的旅游产品做出决定或计划之外的瞬时决策。同时，这些信息还可以提醒人们在进行旅游决策时，把感知以外的信息纳入决策范围之内。

旅游商业环境向人们提供有关的旅游信息，应注意信息本身的表现形式，要给人鲜明的、富有特色的信息，同时还应注意不要过分强调信息的正面性；否则，它将对人们，特别是有经验的人们的知觉产生负面影响。比如，航空公司如果过分强调飞机有效的安全措施，无意中就提醒人们乘飞机也许是危险的。

2. 个人社交环境

旅游消费者的社交环境主要包括家人、亲友、同事、熟人等。社交环境是旅游者获取信息的主要来源。社交环境所提供的信息不同于商业环境的信息。旅游者往往更乐于接受和相信从社交环境中获得的信息，因为亲友、熟人等提供的信息通常被认为是第一手资料，是这些人的亲身经历和体验。这些信息不附带商业目的，没有出于商业利益考虑的掩饰和夸张。研究表明，来自社交环境的信息对旅游者和潜在旅游者动机的影响最大。例如，日本交通公社的一项调查显示，在影响旅游者决策的各种信息中，有69%的信息来自朋友和熟人的介绍，远远高于商业环境提供的信息的比例。社交环境提供的信息还具有沟通性，信息的提供者和信息的接受者可以双向沟通，相互交流。在社交环境中，旅游者可以随意地向信息提供者提出问题和询问各种细节，获得具有评价性的信息，从而有助于减少风险和消除疑虑。

第四节　成熟旅游者的表现

旅游是一种社会文化活动，是满足人们文化生活需要的一种普遍性社会现象。经过几十年的发展，中国的旅游已经发生了很大的变化。旅游活动已经从少数旅游者的个别行动发展成为广大民众的普遍行为，旅游者的旅游行为和旅游观念也在整个演变过程中变得更加成熟。

通过对专家学者的观点以及行业发展趋势进行分析和总结，认为旅游者从不成熟走向成熟主要表现在以下几个方面：

一、旅游过程中的表现更加自信

不成熟的旅游者在制定旅游行程时，总是会比较茫然，希望能够获得更多更详细的旅游信息，旅行前花费的时间比较长。对于旅游目的地的选择，会参照很多人的意见和建议，一般会选择比较成熟的旅游线路，很少会自己去开辟新的旅游线路。在出行方式上，很有可能会选择跟团，以确保万无一失。而成熟的旅游者则会表现得非常坦然，由于具有丰富的旅游经验，当发生突发事件时完全可以灵活应对。与此同时，也会积极主动地和其他旅游者分享旅游经验和旅游攻略。

二、从锁定大众景点的团客到寻找生活元素的常客

成熟的旅游者不再满足于传统的"大巴＋景点"模式的旅游，外出旅游的诉求已经从依托旅行团偶尔外出到标志性景点，发展为多次到某一目的地寻找归属感，成为目的地常客。对于他们而言，旅游活动不再是简单意义上只关注被广泛认可的风景名胜，而是关注超越传统旅游范围的生活元素，关注能够感觉或体验旅游活动和休闲活动相结合的真实生活内容和生活方式，旅游活动已经成为成熟旅游者不可缺少的生活元素，比如，近年来兴起的"农家乐""乡村游""周末周边游"等，在目的地停留的时间可能不长，但是旅游出行频次增多了。

三、从粗略的观光旅游转向细致的深度体验

不成熟的旅游者通常希望在有限的时间里尽可能多看一些景区景点，以"到此一游"为乐。但是成熟旅游者更希望深入体验旅游目的地的风土人情，与当地居民进行互动和交流。相比于固定的"五日八国"的观光式旅游线路，成熟的旅游者更倾向于选择"一地多日游"线路，在目的地停留的时间更长，可以更加深入、更加细致地去了解旅游目的地风土人情，感受当地居民的生活习惯和民俗民风。途牛公司的"一日游"产品，比如"日本东京－箱根一日游""美国一号公路自驾游"等一日游产品，因让游客近距离接触当地的自然和人文景观而颇受追捧；再比如"韩国乐天世界＋汗蒸体验""澳大利亚悉尼海港大桥攀爬活动"等休闲、冒险类产品也广受游客欢迎，因为可以满足用户感受当地生活和享受真正的深度休闲游的诉求。

四、从被动的"接受"到主动的"参与和创造"

随着旅游经验的丰富，成熟的旅游者不再满足于那些无个性的、标准化的、大众化的旅游产品，他们更希望购买和尝试个性化的旅游产品，更希望到一般旅游者很难到达的地方进行探索式旅游，自己发现新的旅游去处，或者参与到旅游线路和旅游产品的开发过程中。随着全域旅游时代的到来，参与和创造逐渐成为普遍意义的旅游趋势。

五、成熟的旅游消费者更关注旅游质量和旅游过程

相对于不成熟旅游者的"到此一游",成熟的旅游者更加看重旅游过程和旅游质量,与此同时,成熟的旅游消费者对团队游中存在的低于成本运作、购物自费频发等现象有进一步了解后,更果断放弃团队游而改选自由行,从而获得更加灵活自由的行程,摆脱"零负团费"和"强迫购物"的烦恼。而且自由行没有导游随行,饮食也由旅游者自行安排,整个行程的自由度更高,整个旅游体验更加个性化,更加丰富多彩。

【本章小结】

1. 本章讨论消费者学习心理与行为之间的关系。学习是人在生活过程中,因经验而产生的行为或潜能的持久的变化。学习在消费者购买过程中有三个方面的重要作用:一是获得有关购买商品的知识和信息;二是促发联想;三是影响消费者购买决策的全过程。

2. 本章较为详细地讨论了有关消费者学习的理论,主要介绍了行为主义学派中有代表性的巴甫洛夫经典性条件反射理论和斯金纳操作性条件反射理论。在此基础上还介绍了认知学派的观点和观察学习理论。

3. 旅游者学习涉及旅游动机、旅游态度、旅游风险等方面,学习的途径包括通过经验学习和通过信息学习两个途径。

4. 要想成为一名成熟的旅游者,旅游消费者需要学习的内容包括旅游相关的政策、旅游产品知识、消费观念以及新技术等。与此同时,旅游者可以通过降低对旅游产品和服务的期望值,购买高价或名牌旅游产品,获取更多的信息,以及重复购买一种自己信赖的旅游产品等方法减少旅游购买风险。

【思考与练习】

1. 试介绍旅游者学习的相关理论。
2. 简述旅游者学习的内容和途径。
3. 结合自身和他人的经历,运用本章所学内容,试分析成熟的旅游者所具有的特征。

第五章

旅游者的态度

【学习目标】
- 了解旅游者态度的含义、特征和作用
- 了解旅游态度对旅游偏好和旅游决策的影响
- 掌握旅游者态度形成的过程及影响因素
- 了解旅游者态度改变相关的理论及改变旅游者态度的策略

第一节 旅游者态度的概述

一、旅游者态度的概念

每天人们都会在自己生活的社会环境中接触到各种各样的人和事物,在这个过程中对人和事物会有一定的认识和了解,并产生赞成或反对、喜欢或厌恶的心理体验,进而会对这些人和事物产生认同、接近或排斥、拒绝等心理意向。以上是人们对身边的人或事物,做出行为反应的心理倾向,就是心理学中所说的态度。人们习惯于把态度看作是某种行为的心理倾向,更具体一点来讲,态度就是对人、观念和事物产生的肯定或否定的判断,是一种心理倾向,来指导人们做出某些决定和判断。旅游态度就是旅游者对旅游对象和活动做出行为反应的心理倾向。

二、旅游者态度的特征

(一)旅游者态度的对象性

旅游态度一定是针对某个具体的对象,依附某个具体的事物产生的,是对某个事物的看法和评价。在旅游过程中,态度的对象可能是旅游目的地、旅游活动、旅游设施、旅游服务等,它们是旅游消费者态度产生的客体。

(二)旅游者态度的社会性

态度是后天习得的,只有当人们接触旅游相关的信息时,才能对旅游活动形成一定的认识和评价。旅游消费者通过在社会实践中,与其他社会成员、参照群体、组织等互动,或自己的亲身旅游体验,逐渐形成对特定对象的态度。

(三)旅游者态度的稳定性

态度的形成需要相当长的一段时间,一旦形成某种态度就趋于相对稳定的状态,不轻易改变,并成为个性的部分,在行为反应上也表现出一定的规律性,游客的"重游",或者说旅游目的地的"回头客"也正好体现了旅游态度的稳定性。但态度并非一成不变,在主客观因素发生变化时,态度也可能会随之改变。

(四)旅游者态度的价值性

价值观是态度的核心。价值是指对人所具有的意义。人们对某个事物所持有的态度取决于该事物对人们的意义大小,也就是事物所具有的价值大小。事物对人的价值大小,一方面取决于事物本身,另一方面也受人的需要、兴趣、爱好、动机、性格、信念等因素的制约。所以,由于价值观不同,不同人对同一事物会产生不同的态度。为此,能满足个人需要,与人的价值观相符合的事物,人们会对此产生正面的态度,反之则产生负面的态度。

(五)旅游者态度的内隐性

在大多数情况下,旅游态度是人们的一种内在的心理反应,很难被直接观察到,而只能通过人们的语气、表情、神态以及动作等来判断。

(六)旅游者态度的复杂性

态度的该特征主要表现为两个方面,一方面是随着人们了解的信息种类和数量越来越丰富,其最终会导致态度的形成逐渐变得越来越复杂;另一方面是因为旅游活动本身的复杂性,从而存在很多不可控的因素会对旅游者态度产生影响。

三、旅游者态度的作用

态度对个体具有重要的影响,它影响到人活动的许多方面。

(一)影响人的行为倾向

态度是个体内在的一种心理倾向状态,它影响着人对行为对象的选择和行为表现。例如,受中国传统文化的影响,一些人对旅游有一种潜在的抵触情绪,这些人长期拒不参与旅游活动。而随着经济的发展和社会的进步,人们逐渐改变了对旅游活动的传统看法,并对旅游逐渐产生了兴趣,从而出现了越来越多的人纷纷投身旅游活动的现象。

(二)影响对信息的理解和评价

心理学家拉姆伯特等人曾在加拿大蒙特利尔做过试验：让五个人分别用英语和法语朗读同一篇文章，但告诉被试者这是由两组不同的人分别在用两种语言朗读一篇文章，然后让被试者判断哪一组人的声音最好听，其结果是作为被试者的大学生给予用英文朗读的五个人以明显较高的评价。究其原因，原来是这些大学生本身对英裔加拿大人的态度优于对法裔加拿大人的态度。

(三)影响情绪情感体验

态度本身受情绪情感的影响，已形成的态度又反过来对人的情绪情感有支配作用。对待同一事物，由于态度不同，不同的人或同一个人会产生不同的情绪情感体验。在肯定的态度支配下，人容易产生喜欢、愉快、满意等情绪情感体验，而在否定态度支配下则容易使人产生消极的情绪情感体验。

(四)影响活动效率

由于态度决定着人的反应模式，并影响人对信息对象的理解与判断，从而也就影响人们活动的效率。对待工作，只要人们抱有积极正确的态度就容易提高工作的积极性与主动性；如果没有积极的态度，即使参加，也是不情愿的。在工作中就会缺乏主动性与积极性，工作的效率也会很低。

第二节 旅游消费者态度与旅游决策

旅游心理学研究表明，偏好是态度具体化的表现形式之一，预示着某种旅游行为形成的可能性。旅游者态度一旦形成，就会导致某种偏爱或某种方式的行为倾向，这种偏爱和行为倾向的形成会进一步影响旅游决策，也会直接决定消费者对旅游目的地的选择和具体行动方案的实施。

一、旅游偏好的定义

所谓旅游偏好，是指人们趋向于选择某一旅游目标的心理倾向。旅游偏好建立在态度的基础上，与旅游行为之间有着直接的关系，它伴随着态度的形成而产生，这种旅游偏好会直接对人们的旅游行为产生影响。旅游偏好通常会表现为两个方面，一方面是对特定旅游对象的优先选择，即在同样的条件下，旅游者会优先选择他们偏爱的旅游产品；另一方面表现为对特定旅游对象的选择频率，即人们会不厌其烦地多次选择同一个旅游目的地或旅游产品。比如，对于海滨度假胜地，有人喜欢三亚而不喜欢厦门，即使他曾经去过三亚很多次，当他下次再选择海滨度假的去处时，他很可能还是坚持选择三亚。以上信息告诉我们，人们的旅游偏好会在很大程度上影响人们的旅游决策，相反，旅游决策的后果又会反作用于先前的旅游偏好。

二、旅游者态度与旅游偏好

态度是偏好形成的基础,人们对偏好的旅游地都有一个积极的肯定态度和良好的旅游感知形象,指挥旅游行为的旅游决策很大程度上取决于旅游偏好。

旅游偏好与旅游态度的强度(对旅游对象赞同或反对的程度)、态度对象(如景区等)的突出属性以及人们的需要相关。态度对象越具有明显的突出属性,就越能满足人们的需要,人们对其肯定性态度强度就越大,越易形成偏好。由于旅游活动本身是一件很复杂的事情,旅游偏好又是伴随着态度的形成而产生的,因此,旅游偏好的形成会受到多方面因素的影响。接下来将针对态度的复杂性、态度的强度以及态度的对象性等三个突出特征对旅游偏好的影响展开详细的阐述。

(一)态度的复杂性

态度的复杂性主要与个体对旅游对象所掌握的信息量和信息种类的多少有关,它反映了人们对态度对象的认知水平。旅游偏爱是人们趋向于某一旅游目标的一种心理倾向。这种倾向取决于人们对某一事物所拥有的信息量和信息种类的多少。倾向性的信息越多就越复杂,就越能产生对某一事物的偏爱。同样在选择某一旅游目的地时,如果对该目的地信息所知甚少,所持态度也就会很简单。如果了解该目的地的信息和种类较多,诸如景点特色、住宿情况、交通状况、服务质量等都是优质的话,就会形成肯定的态度,从而产生对旅游地的偏爱。

(二)态度的强度和旅游对象的突出属性

态度的强度就是指个体对对象赞成或不赞成的程度。通常情况下,态度强度越大,态度就越稳定,就越容易形成旅游偏爱。人们对某一对象的态度强度与态度对象的突出属性有关,从某种意义上来讲,旅游态度对象的属性越明显,旅游对象对旅游者的吸引力越大,形成的态度强度就越强,旅游者对其产生的感情就越浓厚,行为驱动的心理倾向就越强烈,越容易形成旅游偏爱。比如,旅游者选择到法国旅游,不仅仅是想去感受一下异国风光,更是为亲自品尝美酒,亲身体验酒庄的魅力,学习和了解葡萄酒文化,享受独特的酒庄旅游以及优雅而放松的生活姿态。

态度对象的突出属性对人的重要程度是因人而异的。任何事物都有许许多多的属性(形状、外观、价格等),人们对事物的认知是针对事物的具体属性而言的。对于同一个人来说,随着他的需要或目标的改变,其态度对象的突出属性也会发生变化。由于人们各自的需要和追求是不同的,从而导致态度对象的突出属性的重要程度对他们而言也是不同的,进而对旅游偏好的影响也是不同的。

三、旅游者态度与旅游决策

态度对旅游行为的影响直接体现为旅游者的态度会影响旅游决策。旅游决策就是通过对主观需要和客观条件的衡量，提出并确定解决某个具体的旅游问题的方案或者计划，最终加以执行的过程。在旅游决策的过程中，旅游者的某种态度一旦形成，就会产生某种偏好，进而影响人们的旅游决策。旅游决策过程一般包括以下几个阶段。

（一）旅游对象认知阶段

居民物质生活水平不断提高的今天，人们的出游意愿逐年提高，旅游已经成为人们生活中的大众化行为。旅游者经常会从不同的渠道获取旅游相关的信息，进而对某些旅游对象和旅游活动有了一定程度的认识和了解，从而形成自己的旅游态度，产生旅游需要。旅游者获得信息的渠道是多元化的，既包括旅游工作人员的推销、旅游市场环境中的商业促销以及人们社交环境中的口碑宣传，也包括旅游者自己先前的旅游经验和记忆中的信息。来自不同渠道的信息会在不同程度上影响旅游者的态度，为旅游决策的制定提供信息支持。

（二）设计旅游方案阶段

根据收集到的旅游信息以及形成的对旅游产品的认知和评价，旅游者会着手设计旅游方案，以备选择。在该阶段，旅游者会根据自己的旅游需要有针对性地选择一个或多个旅游目的地，并设计相应的旅游出行方案。例如，如果旅游者想去海边度假，他有可能会考虑国内的青岛、厦门、威海、三亚等地方，或者是去东南亚的泰国、南亚的马尔代夫等。由此会形成多个备选方案。

（三）分析备选方案阶段

一旦确定了所有的备选方案，旅游者就必须对每一个备选方案进行评估。通常情况下，旅游者会对每个方案的一些项目进行打分，进而选择得分较高的那个方案。但是由于受多方条件的限制（时间因素、经济因素、天气因素等），旅游者会直接跳过该环节直接根据主、客观条件，筛选出一个符合条件的方案，这就需要旅游者能够理性地做出一些舍弃。但是大多数情况下旅游者的决策是根据直觉或经验产生的，而非总是保持理性。如果旅游者的经济条件比较有限，极有可能会选择周边游进而节省交通开支；如果非常想去三亚又担心机票的话，理性的旅游者会提前1~2个月检查机票价格，通过购买特价机票的形式来节省开支。

（四）选择并实施方案阶段

在这一阶段，旅游者确定最满意的出行方案，并付诸实施。同时在实施方案的同时会对外部环境进行重新评估以发现是否存在任何变化。比如，在确定了乘坐飞机前往三亚之后，旅游者会多次检查天气情况，分析是否有不适宜飞行的坏天气导致停飞，以保证行程的顺利进行。最终确定了旅游方案后，开始进入旅游活动的准备阶段。

旅游决策过程是旅游者心理活动的过程。旅游商业环境的信息通过各种渠道作用于旅游者，使旅游者形成了由认知、情感、行为倾向三种成分组成的态度，这个态度导致了其旅游偏好或意图。这时，社会因素就会对这种偏好或意图施加影响，并导致最终的决策行为。这个决策行为又以信息的形式反馈回去，形成新的态度。

实际上，旅游决策过程还应包括旅游活动结束后的决策评估环节，旅游者对旅游方案进行评估可以总结经验，为下一次旅游活动的进行提供指导和参考。

第三节 旅游消费者态度的形成与改变

一、旅游者态度的形成

（一）态度的形成过程

20世纪50年代，美国心理学家凯尔曼提出了态度的形成有三个阶段，即依从阶段、认同阶段和内化阶段。

1. 依从阶段

依从阶段指个体为了获得奖赏或避免受惩罚，按照社会的要求、群体的规范或别人的意志而采取的表面服从的行为。这是态度形成的一种最常见的形式。比如一个单位组织去某地旅游，要求成员都参加，个体只好也选择去那里旅游。

2. 认同阶段

个体对社会压力不是被迫服从，而是自觉自愿地接受他人的观点、信念、态度与行为的影响，以使自己的态度和行为逐渐与他人或某个团体的态度与行为相接近的过程。比如有的人看到自己的好朋友外出旅游，看到他们在旅游后的幸福体验，所以自己也选择去旅游。

3. 内化阶段

这一阶段是指个体真正从内心深处相信并接受他人的观点，彻底转变自己的态度。这意味着他把外部的思想、观点归于自己的思想体系中，成为自己态度体系中的一个有机的组成部分。内化的态度是人的态度和行为最稳定、最持久、最系统的阶段。并且还带有强烈的情感体验的阶段。比如旅游者真正认识到旅游是一种现代生活的内容，就会自觉地把旅游当作消费的重要支出。

（二）影响旅游者态度形成的因素

1. 旅游需要的满足程度

需求和欲望对态度的形成有直接影响，通常情况下当人们的需要能够得到很好的满足或者身边存在帮助自己达到目的、实现目标的对象时，内心感觉会比较满意，从而产生满意和赞许的态度；相反，当自己的需求没有得到很好地满足，甚至身边存在阻碍自己达到目的的对象时，则会产生排斥或厌恶的态度。对旅游的需要是人们对旅游产品产生肯定态度的基础。综合一些著名国际饭店集团的成功案例来看，这些企业之所以能够赢得大多数顾客的青睐，并且能够在长期内保持较高的顾客满意度，正是因为这些酒店集团不仅可以很好地满足住店客人的基本需要，更能挖掘并满足客人的潜在需求和更深层次的需要，为其提供多样化的、个性化的服务，从而在最大程度上满足顾客在生理和心理上的需要。促使其产生或强化积极肯定的态度，转变否定和厌恶的态度，同时在原有态度的强度和方向上发生转变。

2. 个体的经验和知识

态度的习得性这一特征决定了个体直接或间接获得的经验和知识会在很大程度上影响旅游态度的形成。与此同时，认知又是态度的重要组成部分之一，认知和个人的知识有着千丝万缕的关系。当旅游者接触的旅游相关的信息和知识比较积极正面的时候，个体对旅游对象的态度往往会比较积极，会对旅游抱有赞成、肯定和支持的态度。随着旅游者掌握的信息越来越多，态度的形成也就有了越来越多的参考依据，丰富的经验和知识也可以帮助旅游者加深和强化原来的态度，因此，一个成熟旅游者的态度是很难改变的。但是需要注意的是，新知识或经验并不是直接单独对态度起作用，而是与原有态度有一个协调的过程，当两者相互趋于一致时才会形成新的态度，改变原有的态度，不管是方向还是强度。

3. 群体的态度

在现实社会中，每个人都生活在各自特定的群体中，与一定的社会群体（如家庭、学校、工作单位、社会活动组织）相关联，而不可能孤立地存在。作为群体的一员，所有个体需要共同遵守成文或不成文的行为规范，每个社会群体的规范和习惯便会形成一种无形的力量，来影响群体成员的态度，约束个体成员的行为方式。当个体的态度与社会群体的态度一致时往往会得到群体的认同和支持，否则会面对很大的来自群体的压力。旅游实践证明，社会参照群体能在很大程度上影响人们旅游活动的一系列决定，社会群体的态度是个体态度的重要调节器和参照系，人们在群体影响力作用下极其容易产生"从众心理"。需要注意的是，个体在所属团体中的地位以及其对团体的认同感不同，各团体对其态度的影响力也不尽相同。也就是说，如果个人对所属团体的认同感比较强烈时，要改变其与团体规范一致的态度是非常困难的。

4. 旅游者的个体特征

个体的差异主要指的是气质、人格和价值观等方面的差异。主要表现为对于同一个旅游目的地不同的人会有不同的态度，即使属于同一团体的人在态度形成过程中也有所不同。比如，内向、安静的人喜欢去比较安静的地方，有可能喜欢一个人的旅行，追求自由自在；外向的人比较善于交际，会从网站上寻找"驴友"，结伴而行，旅游目的地可能会偏向于一些比较热闹的地方。缺少自主决策能力和判断力、迷信于权威的旅游者的态度更加容易被改变；而有自信心、自我防御技能较为强烈的旅游者的态度则很难被改变。

5. 旅游者的旅游实践

个体的旅游实践与个体旅游态度的形成和改变关系密切，不同的态度会产生不同的决策，进而形成不同的旅游行为，带来不同的旅游体验，不同的旅游体验便会转化为经验和知识来影响旅游者原有的态度。日常的旅游实践会对旅游者的态度产生潜移默化的影响，随着经验的不断积累，旅游者态度的变化会更加明显，最终形成新的旅游态度。而个人遭受的创伤性经历或突发事故会在短期内促成态度的形成和转变。比如，旅游者在爬山活动中突然遭遇滑坡或泥石流，险些丧命，他会对爬山等一系列活动的安全性产生否定的态度，甚至决定永久性取消爬山活动。再者，对于一个儿时有溺水经历的旅游者来说，他很难会选择体验冲浪、潜水等活动。尤其要注意的是，旅游者幼儿时期形成的态度以及在偶然事件中形成的极端的态度持续时间会很长，而且很难去改变。所谓"一朝被蛇咬，十年怕井绳"，就是对这类创伤性经验影响的一种概括，即使仅仅只有一次，也可能形成永久性的阴影。

二、旅游者态度的改变

（一）态度改变的基础理论

1. 奥斯古德和坦南鲍姆的协调论

协调理论是 1955 年由奥斯古德和坦南鲍姆提出的，它研究个体 P（Person）、对象 O（Object，事件、概念、事物等）和对象的来源 S（Source）三者之间的关系。协调理论的基本主张是：个体 P 对来源 S 有特定态度，P 对对象 O 也有一个态度，当 S 对 O 表示看法后，P 对 S 或 O 都会做出某种程度的改变，以达到平衡。

奥斯古德认为，当 P 对 S 和 O 态度相似、而 S 对 O 主张否定时，或是当他对 S 与 O 态度不同、而 S 对 O 主张肯定时，不协调就会产生。即三者之间只有一个否定关系，或者三者关系均为否定的，不平衡就会产生。其观点与下文中海德的平衡理论是一致的。例如一个人喜欢一位明星，而不喜欢那位明星身上的服装，就会产生"不协调"，为了达到协调，个体很可能改变自己对这个明星以及明星身上的服装的态度，趋向中性态度（见图 5-1）。

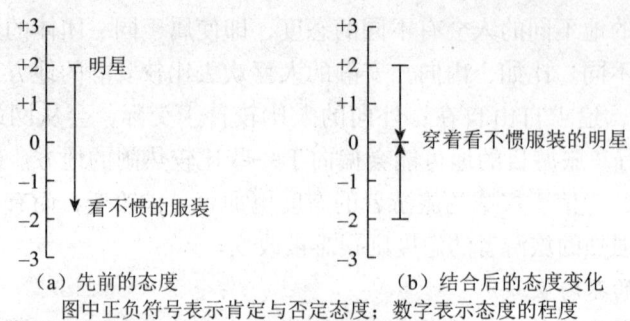

(a) 先前的态度　　　　　　(b) 结合后的态度变化
图中正负符号表示肯定与否定态度；数字表示态度的程度

图 5-1　态度变化的协调论模型示例

资料来源：马谋超、高云鹏．消费者心理学，31 页．北京：中国商业出版社，1997.

2. 海德的平衡理论

海德的态度改变平衡理论认为，人感知自身或外界环境是介于三角关系之中的。这种三角关系由三个元素构成，即自己、他人、某物。它们彼此也许是肯定的关系，也许是否定的关系。当人们处在肯定的三角关系中，态度是平衡的；而否定的三角关系则意味着不平衡。如果把三角形的每一边连接的两个元素的肯定关系用"+"表示，否定关系用"-"表示，那么，三角形是否平衡决定于三边符号相乘是否为"+"。相乘后为"+"，此三角关系就平衡，为"-"则不平衡。平衡状态形成较稳定的态度，不平衡则须导致三角关系中的某种态度发生变化以使三角形达到平衡状态。

例如，在三角形①中，如果我（A）对某物（C）有好感，是"+"关系；我（A）对他人（B）有好感，也是"+"关系；他人（B）对某物（C）也有好感，还是"+"关系，此三角形之内彼此关系全为"+"，表明此三角关系处于平衡状态。如果我（A）肯定某物（C），有"+"关系，他人（B）否定某物（C），有"-"关系，而我（A）又否定他人（B），有"-"关系，那么，三角关系也处于平衡状态，这就是三角形②，同样，三角形③和④也都是平衡的。在上述任何一种场合下，三边的符号相乘的积都为"+"（见图 5-2）。

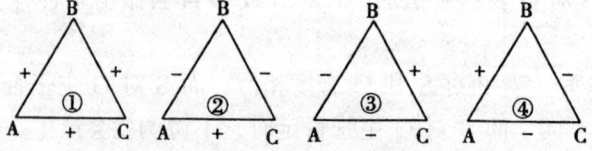

A—自己　B—他人　C—其他事物或人物

图 5-2　平衡的三角关系

资料来源：马谋超、高云鹏．消费者心理学，31 页．北京：中国商业出版社，1997.

反之，另一类三角形是不平衡的。例如在三角形⑤中，我（A）肯定他人（B）是"+"关系，他人（B）否定某物（C）是"−"关系；而我（A）又肯定某物（C）是"+"关系，在这里彼此之间出现矛盾，所以三角关系不平衡。在三角形⑥的情况下，我（A）肯定他人（B）是"+"关系；他人（B）肯定某物（C）是"+"关系，而我（A）则否定某物（C），是"−"关系。结果也出现了矛盾，三角关系还是不平衡。同样，三角形⑦和⑧也是不平衡的。在这些情况下，三边符号相乘的积都为负（见图5-3）。该理论认为，只有保持三角关系的平衡状态才能有一个比较稳定的态度。

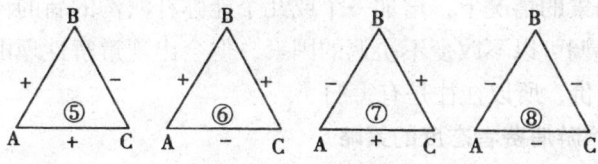

A—自己 B—他人 C—其他事物或人物

图5-3 不平衡的三角关系

资料来源：马谋超、高云鹏. 消费者心理学，31页. 北京：中国商业出版社，1997.

3. 费斯廷格的认知失调理论

人们对于一个对象形成新的态度时会有一种倾向，这就是使新的态度与原有的态度、价值观和个性相一致，如果感到新的信息与原有的理解、信念或态度不一致，那么就会体验到不协调，因而引起态度的变化。费斯廷格认为任何人都有许多认知因素，如关于自我、关于自己的行为及关于环境方面的信念、看法或知觉等。它们之间存在着三种情况：①相互一致和协调的；②相互冲突和不和谐的；③无关。当人们的两个认知因素 X 和 Y，处于第二种情况，即从 Y 推出的是非 X 时，人就会感觉到不舒服或紧张，并力求减缓。这种由于认知冲突（更多的是因为心理上的不一致，而非逻辑上的不一致）引起的内心不自在的状态，就叫作"认知失调"现象。

认知失调的程度依赖于三个重要方面：不协调因素对和谐因素的比例、认知因素的重要性、认知因素的重叠。例如对任何一个旅游景点的态度都是由众多的认知信息组成的。然而，旅游者依据自己的体验和观察，对于给定的任何一个旅游景点，很少会对其全部认知因素都肯定或者都否定。这样，就看肯定的认知因素多，还是否定的认知因素多了。若肯定的因素多于否定的因素，旅游者便会对该景点产生积极的态度，即对该景点的总态度是积极的。比如夏天去海南岛可能是比较热的，但是相比之下，去那里旅游的好处更多，于是就会把消极因素看得比积极因素轻一些。对于一个旅游景点的总的态度，不仅取决于肯定与否定的认知因素的比例，而且还取决于各种认知因素的重要性。认知的重叠指的是可供选择的对象之间的相似程度。当两个旅游景点有着许多共同的特征时，对它们的认知就有很多的重叠。如果两个景点共有的特征很少，选择它们时可能会引起的不协调便会很大，而且要求旅游者改变对它们的态度的压力也会很大。

人出现了认知失调，就会不由自主地驱使自己力求恢复或保持认知因素之间的相对平衡和一致性。一般采取以下几种途径：①改变或否定两个认知因素中的一个。②对两个认知因素重新评价，减弱其中一个或同时改变两者的重要性或强度。由于重要性的降低，认知失调的程度相应变低，人就会感到舒服些。③在不改变两个认知因素的情况下，增加一个或几个能弥补鸿沟的新的认知因素。以这种方式减少不协调可以不改变不协调的因素，但会出现辩解性理由，有些理由常以歪曲事实为代价，所以往往是有害的。

（二）改变旅游消费者态度的策略

1. 更新旅游产品

态度具有对象性，是依附于具体的事物产生和存在的。态度来源于个体对客观对象的认知与评价，旅游对象和旅游条件是旅游态度的客观对象，是旅游态度形成的客观前提。虽然旅游态度的产生同时受主观因素的影响，但在很大程度上还是取决于客观对象的状态如何。只有当旅游对象和旅游条件具备满足人们需要的功能时，才有可能促使人们产生积极的旅游态度，满足旅游者的基本需要是形成积极态度的必要前提。改变不利的客观事实，是使人们改变对旅游的不良态度的首要前提。作为旅游开发商，首先要在旅游资源的开发和旅游设施设备的建设方面为旅游者提供基础保障，在最大程度上实现"物有所值"。关注人们的意见反馈，了解旅游消费者在旅游过程中对无形的服务和有形的旅游产品方面的态度和看法，并根据具体情况进行调整和改善。同时还要对市场高度保持敏感，抓住顾客需求适时进行产品的更新换代，只有不断更新旅游产品，提高服务质量，才能长期占有稳定的市场，获得顾客的支持和肯定。同时，定期推出新的旅游产品可以刺激旅游者产生新的旅游需要，使得他们可以持续保持新鲜感，缓解审美疲劳，从而形成较高的顾客粘性。

2. 重视旅游宣传

作为消费者，旅游者每天会受到大量信息轰炸，这些信息会劝说人们做什么或不做什么，从而达到改变人们态度的目的。人们知道，态度已经形成就很难改变，因为人们不愿意接受与目前态度结构不一致的信息，这就要求旅游从业者通过加大宣传力度，逐渐削弱消费者的防御机制，巧妙地、耐心地、持续不断地为旅游者或潜在旅游者灌输新的信息。由于态度的形成依赖于对态度对象的认识，人们接触的新知识有可能改变原有的态度。向人们宣传旅游的新知识，有利于改变人们对旅游的消极态度，加强人们的积极态度。目前旅游行业非常重视旅游宣传，通过不同的宣传途径，如做广告、举办讲座、开办展览、发行小册子、旅游杂志、专刊、制作旅游电视节目、电影等，向旅游者传送新的旅游知识和信息，从而改变他们的态度。

3. 激发潜在动机，促成旅游行为

通过诉诸潜在动机，有意识地引导人们参加旅游活动，可以有力地促使人们对旅游产生积极的态度。不妨尝试多次激发人们旅游的兴趣，引导人们参加旅游活动，可以使其亲身体验旅游活动所带来的乐趣和愉悦，引导其产生积极的旅游态度，最终改变对旅游的态度，成为旅游活动的积极参与者。同时，旅游企业要注意名人效应的应用，比如在做广告宣传的时候注意收集当地名人的消息，以及去过的名人的消息，抓住人们的"追星"心理。"太白楼""郭沫若故居""李清照故居"等就是很好的例子。通过这种分散注意力的方式，激起人们的兴趣，从而引导其产生积极的旅游态度，产生旅游需要，展开旅游活动。此外，大数据时代，旅游企业应注意消费者行为的分析，通过大数据来获取旅游者的潜在需求，针对顾客需求设计并生产相应的旅游产品。最后，也可以按照"全域旅游"的思路，挖掘深度旅游产品，为其设计更有体验价值更具特色的旅游产品，刺激其潜在的旅游动机。

【本章小结】

1. 旅游态度就是旅游者对旅游对象和活动做出行为反应的心理倾向。旅游者态度具有对象性、社会性、稳定性、价值性、内隐性和复杂性六个特征。旅游者的态度能够影响旅游者的行为倾向，影响他们对信息的理解和评价，影响他们的情绪情感体验和活动效率。

2. 旅游偏好是建立在态度的基础上的。旅游偏好的影响因素有态度的复杂性、态度的强度和态度对象的突出属性。人们在形成旅游态度的过程中，首先要权衡和评价旅游对象能否使他有所收获。如果经过分析、评价，他认为各种收获都能满足他的需要，他就会对这一旅游对象产生偏好。

3. 旅游者态度的形成过程经历了依从阶段、认同阶段和内化阶段，最终形成了态度。消费者为何改变态度，奥斯古德和坦南鲍姆的协调论、海德的平衡理论、和费斯廷格的认知失调理论均提出了他们对态度改变的理论假设。

4. 影响旅游者改变态度的因素包括旅游需要的满足程度、个体的经验和知识、群体的态度、旅游者的个体特征和旅游者的旅游实践等。

> 5. 从旅游企业和旅游工作者的角度，改变人们的旅游态度可以通过改变不利的客观事实、宣传旅游的新知识、激发潜在动机等来实现。

【思考与练习】

1. 什么是旅游消费者态度？
2. 旅游者态度的形成经历哪些过程，态度如何发生改变？
3. 有哪些途径可以改变旅游消费者的态度？

第六章

旅游者的人格

【学习目标】

- 掌握人格的含义
- 了解人格的气质理论和特质理论
- 能够分析不同人格类型和生活方式的旅游者的旅游行为
- 掌握人格结构的三个组成部分对旅游者的影响

第一节 人格概述

一、人格的概念

人格一词来源于拉丁文 persona，原意指舞台上演员所戴的假面具，它代表着戏剧中的角色。人格是一种"人的模型"，每个人持有自己的"模型"。人格是复杂的心理现象，心理学家从各种角度对人格进行了定义。美国心理学家阿尔波特在1937年出版了《人格：一种心理学解释》一书，该著作开创了现代动力组织的先河。他综述了历史上神学的、哲学的、法学的、生物学的以及心理学的50个人格概念，提出了自己的人格定义："人格是个体在心理、物理系统中的动力组织，这个动力组织决定人对环境顺应的独特性。"以后著名的动力组织家艾森克、卡特尔等也对人格进行了不同的界定。艾森克的定义为："人格是个体由遗传和环境所决定的实际和潜在的行为模式的总和。"卡特尔的定义为："人格是一种倾向，可借以预测一个人在给定环境中的所作所为，它是与个体的外显和内隐行为联系在一起的。"关于人格定义的分歧迄今依然存在，但其中有两个基本概念是一致的：独特性和行为的特征性模式。我们将人格定义为：人格是在先天的生理基础上，在适应后天环境的过程中所表现出的系统的、稳定的态度、行为反应模式。

二、人格的气质理论和特质理论

(一) 气质理论

1. 四种体液说

最早的类型理论是古希腊医生希波克拉底提出的。他认为人体内含有四种体液，每种体液与一种特定的气质类型相对应。气质是人格结构中稳定的，不依活动目的而转移的心理活动动力特征，具有先天性。气质主要表现在心理活动的速度、强度、灵活性、指向性方面。生活中有的人行动敏捷，有的人比较缓慢，这都是由于气质类型的不同。气质的强度是指行为、情绪等表现的程度。气质的灵活性指有人遇事比较灵活，反应转换快，有人则因循守旧、爱讲死理。气质的指向性指的是人是内向的还是外向的。希波克拉底将人的气质类型分为四种：

（1）胆汁质：这种类型的人在情绪表现上，无论是高兴还是忧愁，体验都非常强烈，也进行得非常迅速，情绪很快暴发，也能很快平息，易怒、易激动；在智力活动方面具有极大的灵活性，但理解问题有粗枝大叶的倾向；在行动上，精力旺盛，生机勃勃，工作表现得顽强有力，但缺乏耐心，不喜欢单调的工作内容。总的说来，胆汁质的人以精力旺盛、表里如一、刚强、容易感情用事为特征，外向。

（2）多血质：这种类型的人在情绪上容易表露自我，也容易变化，敏感，遇到不如意的事就会不高兴，但也容易马上转变过来，情感体验不深；在智力上，思维反应迅速灵活，但往往不求甚解；行动上反应迅速灵活，对工作表现热情活泼，喜欢参加一切活动，但工作劲头不长；对环境适应能力强，善于交往。总的说来，多血质的人反应迅速，有朝气，活泼好动，动作敏捷，情绪不稳，热情开朗，以外向为特征。

（3）黏液质：这种类型的人在情绪上比较不容易兴奋，心情比较平稳，很难出现波动的情绪状态，不容易产生强烈的不安和激情；在智力上，喜欢深思，在进行任何工作之前都会进行深入细致的考虑，能坚定执行已做出的决定；行动上较为迟缓，不慌不忙地去完成工作，对已习惯的工作表现出极大热情，但不容易习惯新的工作和新的生活环境，不善于交往。总的说来，黏液质的人是以稳重、不灵活为主；踏实，但有些刻板；沉着冷静，但缺乏生气，不活泼，以内向为其特征。

（4）抑郁质：这种类型的人在情绪上极为敏感，易动感情，细腻，多愁善感，但很少外露自己的感情，对生活中遇到的挫折有很强烈的体验，情感深刻，一旦发生就会长时间感受到这种情绪体验，自尊感极强；在智力上，对事物的反应有较高的敏感性，能观察到一般人所觉察不出来的事件，有丰富的内心生活，想象力丰富；行动上显得缓慢、单调、深沉，很少表现自己，尽量摆脱出头露面的活动，不爱与人交往，孤独内向。总的说来，抑郁质的人以敏感、稳重、体验深刻、外表温柔、怯懦、孤独、行动缓慢、内向为特征。

从现代心理学的观点来看，上述四种气质类型只是一种典型的划分。事实上，在日常生活中大多数人的气质只是近似于某种典型的气质，同时又与其他的气质融合在一起。只有一种气质类型的人是几乎没有的。但是，它的影响延续至今，比如对艾森克的特质理论就具有深刻的影响。

2. 荣格的性格类型说

荣格对性格类型进行了分类，他将人格按照心理能量的取向分为外倾型和内倾型。他认为："内倾型的特征是他的里比多（注：指心理能量）在一定程度上倾注于他自己的人格上——感觉到自身有绝对的价值。外倾型的里比多在一定程度上倾注于外，感觉到身外有绝对的价值。内倾的人看待一切事物都以自己的观点为准则，外倾的人则依据客观的估价。"

荣格还把心理功能区分为四类：思维型、感情型、感觉型和直觉型。这四种心理功能和前面的两种心理取向构成了八种性格类型：外倾思维型、外倾感情型、外倾感觉型、外倾直觉型，内倾思维型、内倾感情型、内倾感觉型、内倾直觉型。

荣格认为，个体的理想状态是四种心理功能和两种心理取向相辅相成。虽然我们天生就有偏向某种心理取向和心理功能的某种倾向，但是不要过分囿于自己的遗传倾向，应该让我们人格的所有层面，都被意识到和表露出来。天生外向的人，应该注意自己的内在生活，并将自己的内向要求表露出来，反之亦然。主要按照感情模式行使其心理功能的人，应该增强并且表现自己的思维功能。使四种心理功能和两种心理取向平衡发展。

（二）特质理论

1. 阿尔波特的学说

心理学界公认的第一部关于特质的著作是阿尔波特1921年发表的《人格特质：分类与测量》。他把人格特质分为三种：首要特质、核心特质和次要特质。首要特质决定个体如何组织生活；核心特质是代表个体主要特征的特质；次要特质是有助于预测个人行为的特定的、个人的特征。

2. 卡特尔的人格理论

卡特尔采用因素分析技术，确定了人类人格的十六种根源特质（见图6-1），提出了人类人格的十六种因素的学说，并编制了第一个得到广泛应用的、国际公认十分有效和可靠的一种人格测量工具——卡特尔16项人格因素调查表（简称16PF）。

```
A（乐群性）外向与热心对冷漠与刻薄
B（聪慧性）聪明与抽象思考能力强对愚钝与抽象思考能力弱
C（稳定性）沉静与情绪稳定对不稳定与易激惹
E（恃强性）武断与好斗对温顺与随和
F（兴奋性）热情与活泼对冷静与严肃
G（有恒性）自觉与道德对玩世不恭与漠视规则
H（敢为性）胆大与冒险对退缩与犹豫
I（敏感性）富于幻想与敏感对讲求实际与自恃其力
L（怀疑性）怀疑与警觉对信赖与接纳
M（幻想性）想象与心不在焉对现实与脚踏实地
N（世故性）老练与精明对坦率与朴实
O（忧虑性）不安与焦虑对自信与满足
$Q_1$（实验性）思想自由与求新对保守与传统
$Q_2$（独立性）自立与足智多谋对依赖群体与遵从
$Q_3$（自律性）受约束与强迫对任性和松懈
$Q_4$（紧张性）紧迫感与紧张对无拘束与沉着镇定
```

图 6-1　卡特尔的十六种根源特质

资料来源：【美】伯格．人格心理学，131 页．北京：中国轻工业出版社，2000．

3. 艾森克的人格理论

艾森克也是一位发现了人格特质基本结构的心理学家，他根据人格测验的数据，把所有人格特质归结为三个基本的人格维度：外向性、神经质和精神质。艾森克最初通过因素分析得出人格最基本的两个维度：外向性和神经质。在外向性维度上，外向性的人是"开朗的、冲动的和非抑制的，有广泛的社交接触并经常参加群体活动"，内向性的人是"一个安静、退缩、内省的人，不喜欢交往而喜欢读书；他自我保守，除了亲密朋友之外，与人的距离较远"。在神经质维度上得分高的人是"情绪容易变化的，过度反应的……并且体验到一种情绪后，不容易恢复常态"，而得分低的人是情绪稳定的，很少出现情绪失控，没有大起大落的情绪体验。他把外向性和神经质组合成为一个环状图形，指出图形中的每一个象限代表了希波克拉底关于人的四种气质类型中的一种（见图 6-2）。个体的人格是这两个维度的组合，从非常内向到非常外向，从情绪非常稳定到情绪非常不稳定。以后艾森克在他的模型中加入了第三个维度——精神质，得分高的人是"自我中心的、攻击性的、冷漠的、缺乏同情心的、冲动的、不考虑他人的，并且通常是不关心正义和他人福利的"，而得分低的人是善良的、体贴的、温情的。艾森克人格问卷（简称 EPQ）也是国际上应用极为广泛的测量人格维度的工具。

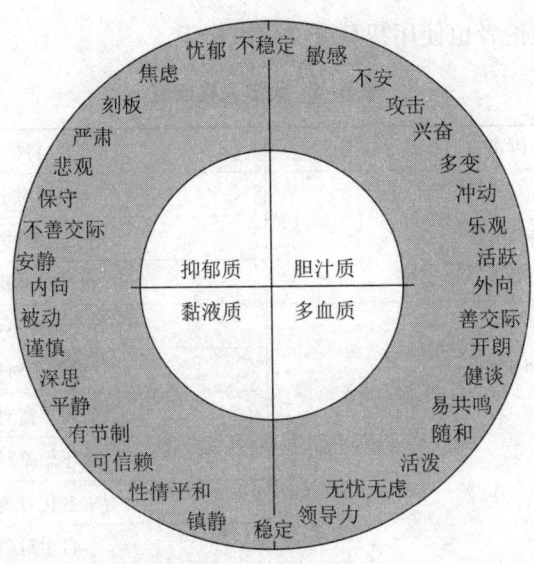

图 6-2 艾森克人格环的四个象限

资料来源：【美】理查德·格里格，菲利普·津巴多. 心理学与生活，105 页. 北京：人民邮电出版社，2003.

4."大五"人格因素模型

近年来，许多特质论者把自然语言中描述人格的形容词进行因素分析，发现了一个比较一致的结果：即人格的基本结构是由"五大"因素构成的，称为"大五"人格因素模型。众多的心理学家认为人格的"大五"因素模型可以最好地描述人格结构。Costa 和 MoCrae 把它们命名为：神经质性、外向性、开放性、随和性、尽责性（见表 6-1）。

神经质性维度主要依据人们情绪的稳定性和调节情况而将其置于一个连续统一体的某处。在神经质性的维度得高分的人会经常感到忧伤、情绪容易波动，而得低分的人多表现为平静、自我调适良好，不易于出现极端和不良的情绪反应。外向性维度得高分的人表示热情、自信，精力充沛，还具有幸福感和善社交的特性，而得低分的人这些表现则不突出，"内向者含蓄而不是不友好，自主而不是追随他人，稳健而不是迟缓"。开放性是指对经验持开放、探求态度，而不仅仅是一种人际意义上的开放。构成这一维度的特征包括活跃的想象力、对新观念的自发接受、发散性思维和好奇心。得分高的人独立性和创新性较强，得分低的人比较保守和传统。随和性维度得高分的人表示利他、友好、可以信赖、富有爱心并乐于助人，注重合作而不强调竞争，得分低的人则多抱有敌意，为人多疑，喜欢为了自己的利益和信念而争斗。尽责性表示自我控制和自律较强，得分高的人做事有条理、有计划，并能持之以恒，而得分低的人则马虎大意、见异思迁、可靠性差。部分特质论者也使用智慧或文化来标识。

表 6-1 大五人格因素

因素	特征
神经质性	烦恼对平静
	不安全感对安全感
	自怜对自我满意
外向性	好交际对不好交际
	爱娱乐对严肃
	感情丰富对含蓄
开放性	富于想象对务实
	寻求变化对遵守惯例
	自主对顺从
随和性	热心对无情
	信赖对怀疑
	乐于助人对不合作
尽责性	有序对无序
	谨慎细心对粗心大意
	自律对意志薄弱

资料来源：【美】伯格.人格心理学，131页.北京：中国轻工业出版社，2000.

第二节 人格特征与旅游消费者行为

一、人格类型与旅游行为

（一）气质类型

气质对旅游选择的影响，表现在选择的方式和速度方面。胆汁质和多血质类型的人，往往会较多地选择活动性强、有变化、新鲜奇异以至带有探险性质的旅游活动，独立地、果断地做出选择，较少表现出优柔寡断。黏液质气质的人，在选择中表现出更多的谨慎，他们会多方面收集资料，细心进行评估，独立地做出决断，在认为还没有对所有问题具有充分把握之前，不会贸然地下决心。抑郁质气质类型的人，在旅游选择中往往表现出犹豫不决，举棋不定，难以下决心，所以常常观望别人，受别人选择的影响。与气质类型相对应，可把旅游者分为急躁型、活泼型、稳重型、忧郁型四种类型。

1. *急躁型的旅游者*

这种类型的旅游者属于胆汁质的类型。他们对人热情，感情表露于外，喜欢与人交往，讲话、办事的速度快，精力充沛，并表现得非常活跃，对旅游活动的气氛有着直接的影响。因为这种类型的旅游者比较直率，如果发现一些令自己不满的事情或遇到自己不顺心的事会不顾情面、不顾场合地讲出来。爱和别人争论问题，平常粗心大意。针对急躁型旅游者的特点，在与他们打交道时，旅游工作者要注意自己的言行，千万不要因为言行不慎而激怒他们，也不要计较他们的一些冲动言行。一旦发生冲突，旅游工作者要主动退让，找到合适的处理方式。

2. *活泼型的旅游者*

这种类型的旅游者属于多血质的类型。他们活泼好动，动作敏捷灵活，喜欢和人交往。旅游活动中无论是导游或是其他旅游者都会很快成为他们的朋友。喜欢选择活动性强、有新奇感、刺激性强的旅游活动，且常常选择群体性的旅游活动，即使和一些陌生的人出去旅游，他们也一样感觉愉快。针对活泼型旅游者的特点，旅游工作者在与他们交往时，要特别注意满足他们爱交际的特点，不能不理睬他们。在与他们讲话时，不要过多重复，否则会让他们不耐烦。旅游工作者要主动向他们介绍新鲜、刺激的活动项目，以满足他们的兴趣。同时，要注意发挥他们在团队中的作用，使他成为旅游工作者的好帮手。

3. *稳重型的旅游者*

这种类型的旅游者属于黏液质的类型。他们平时表现比较安静，不善于主动与人交谈，自制力强，情感不易外露，很少大声说笑，遇事不易受感动，也不易发脾气，办事稳妥，总是不慌不忙，反应比较慢，在导游讲解时，总希望导游说话慢一些，并且必要时会重复几次。易怀旧，喜欢和比较熟悉的人打交道，如出去旅游喜欢固定的旅行社，喜欢和熟悉的导游打交道，在餐厅里喜欢吃自己比较熟悉的食物等。针对稳重型旅游者的特点，在接待时，要注意满足他们喜欢安静、反应及适应新环境慢的特点，尽量按他们的要求安排楼层和房间。在向他们传达信息时，要注意放慢讲话的速度，必要时要进行适当的重复，以免他们反应不过来而引起误解。同时提醒他们的行动须与团队保持一致。

4. *忧郁型的旅游者*

这种类型的旅游者属于抑郁质的类型。他们平常沉默少语，不喜欢交际，不喜欢热闹的场合，感情不易外露，自尊心比较强，敏感，好猜疑。他们总是表现得羞怯、忸怩，不习惯在公开场合讲话。在旅游活动中，如果遇到一些不顺心的事内心会非常痛苦。他们一般行动迟缓，反应较慢。针对忧郁型气质旅游者的特点，旅游工作者在与他们打交道时，要特别注意尊重他们，跟他们讲话，一定要使他们弄明白,以免引起误会。在游览时,要多关心他们,因为他们容易疲倦,容易掉队。

(二)特质倾向

人们最熟悉和最常用的一种人格特质分类法是将人们划分为内倾性格(Introverts)和外倾性格(Extroverts)。最早在心理学领域内规范化地使用内倾和外倾概念的是心理学家荣格。内倾者指在正常情况下重视自己和自己主观世界的人们,他们感到自身具有绝对价值,看待一切事物都以自己的观点为准则,喜欢独处、沉静、多疑,对他人存有戒心;外倾者是指性格外向,主要指向他人和外在客观世界的人们,他们感到身外有绝对价值,用客观标准评价事物,喜欢活动、善于交际、易受情感支配、乐观开朗。实际上,荣格对个性类型的划分从外倾到内倾是一个连续体,除了典型的内倾者和外倾者之外,还有大量中间类型的人。他们处于连续体中某一位置,没有一个人是完全的内倾或完全的外倾。

与荣格的内倾、外倾理论相似,美国学者斯坦利·普洛格将人格心理特征分为心理中心型和他人中心型。他经过调查发现,心理中心型和他人中心型的旅游者,在旅游行为方面有较大差异。心理中心型的旅游者喜欢去熟悉的目的地,乐于选择正规的旅游设施和活动量低的旅游项目,选择晒日光浴,无拘无束的休息和家庭式的气氛、熟悉的娱乐活动,并且喜欢自己驱车前往旅游点,准备好齐全的旅行用品,希望全部旅游日程能事先安排妥当。这类旅游者表现出了严格的计划性,希望所有的旅游活动都在计划之中。而他人中心型的旅游者乐于去未开发的地区旅游,希望享受新鲜的经历和新的喜悦。喜欢活动量大的旅游项目和仅需一般的旅游设施,不喜欢专门吸引旅游者的商店。他们喜欢乘飞机去旅游目的地,乐于接触不熟悉的人和事,对陌生的文化有强烈的兴趣,并且对旅游日程和内容只做一般的安排,留有余地,表现出比较大的灵活性。这类旅游者认为旅游活动应随时接触新鲜的,甚至是难以预料的事物,期望在陌生而复杂的地方获得丰富多彩的旅游乐趣和享受。

二、生活方式与旅游行为

生活方式是指社会生活的形式,其数量特征表现为生活水平,包括人们的收入水平、消费水平、社会福利状况等。其质量特征表现为生活习惯、价值取向、人际关系、行为规范、社会态度以及利用闲暇时间的方式等。生活方式作为一种综合性的个性特征,与人的日常生活中的各种行为关系密切。一个人的生活方式反映着其在意识支配下的稳定的活动形式,这些稳定的活动形式,如日常生活、需要、兴趣、价值观念等,都反映了一个人的个性品质,所以通过一个人的生活方式可以了解其人格特征。

旅游行为是人的整个生活方式的一部分。伯奈研究发现，活跃开放者和恋家者在旅游方式上大多有显著的差异。威廉·威尔斯认为，研究生活方式非常有助于理解旅游行为。根据梅奥和贾维斯在其著作《旅游心理学》中对不同的旅游者的生活方式与旅游行为之间的关系的描述，并结合我国的实际情况，大致可以做以下几种类型的典型概括。

1. 喜欢安静生活的旅游者与旅游行为

追求平静安宁生活的人，重视家庭，关心孩子，维护传统，渴望井然有序的生活，非常注意自己的身体健康。此类人一般不愿意外出旅游，如果旅游的话，他们乐于选择适宜全家人度假、环境优美、幽雅宁静的湖滨海岛、山庄等旅游度假地。他们也喜欢清新的空气、明媚的阳光、野营、狩猎、垂钓以及其他户外活动。

2. 交际型的旅游者与旅游行为

交际型的人外向、活跃、自信，乐于主动和他人交往，易尝试和接受新鲜的事物，总是希望能以某种方式更多地介入社会生活。这类旅游者对异国文化感兴趣，热爱周游世界，喜欢去遥远陌生的旅游目的地，并认为假期不能只是休息和疗养，还应该有全新的活动内容，使自己拥有更加丰富多彩的人生经验。此外，他们常常被不同文化的美术馆、博物馆、音乐会、传统剧目吸引。

3. 对历史感兴趣的旅游者与旅游行为

这类旅游者的旅游动机是源于对历史的兴趣，历史人物、历史遗址遗迹、历史事件等，对他们的吸引力非常大。对历史感兴趣的旅游者非常重视旅游活动的教育作用，这与他们对孩子、家庭的强烈责任感联系在一起。他们认为假期应该是为孩子安排的，且全家能一起度假是家庭的幸福。因此，要吸引这一类旅游者，在宣传上应该突出旅游能提供受教育、增长知识的机会，并强调全家能在一起旅游。

4. 使用信用卡的旅游者与旅游行为

目前，越来越多人喜欢使用信用卡消费，尤其是在西方国家。喜欢使用信用卡的人比较活跃、自信，不怕花钱，对未来经济状况充满乐观。在旅游活动中，这类旅游者会花钱买头等车票、住豪华酒店等。

第三节　人格结构与旅游消费者行为

一、自我状态

在任何情况下，人们都受到三种"自我状态"或其中某种"自我状态"的支配和控制。个性作为人的复杂心理现象，对旅游消费者的行为产生深刻的影响。

了解这一个性理论，有助于更好地理解个性是如何影响到旅游消费者行为的以及人们为什么会有不同的旅游行为。

1. 儿童自我状态

一个人最初形成的自我状态就是儿童自我状态。儿童自我状态由自然的情感、思维和行为构成。一个人按他的儿童自我状态行动时，他或者想怎么干就怎么干，这叫作自然儿童自我状态；或者按他小时候所受的训练来行动，称为顺应儿童自我状态。儿童自我状态是好奇心、创造力、想象力、自发性、冲动性和新发现引起的激动等的源泉。儿童自我状态的人们完全不受压抑的、表面可笑的行为以及自然的言行的约束。

儿童自我状态是人格中主管情感和情绪的部分。人们的需要和欲望大部分也由儿童自我状态掌管。每当一个人感到自己需要什么东西时，他的儿童自我状态就表达了他的愿望。比如，"我还想吃一块糖！"或者，"我想痛痛快快地玩一场！"可见，儿童自我状态所表现出来的多是原始的、具有动机或动力性的东西。作为"行为决策者"，他们只有一条原则，即"高兴就干，不高兴就不干"，所以我们说他们是感情用事的行为决策者。如果一个人的儿童自我状态很弱，那么他就是一个缺乏活力的、刻板的人。

2. 父母自我状态

个体形成的第二种自我状态，就是父母自我状态，是人们通过模仿自己的父母或其他威信相当于父母的人的态度和行为所形成的一种状态。它是行为、态度的来源，也是个人的见解与偏见、基本知识以及是非感的主要来源。它不是用感情，而是用权威来支配人的行为，通常以居高临下的方式表现出来，因此又称为"权威自我"。

父母自我状态的人以权威和优越感为标志，是一个"照章办事"的行为决策者，通常支配人们有关批评、教诲、指点、教训及道德方面的行为，并为人们立下规矩。父母自我状态具有两面性：一方面是慈母式的，如同情、安慰；另一方面是严父式的批评、命令。父母自我状态告诉人们应该怎么样，也帮助人们分清功过是非。

3. 成人自我状态

个体形成的第三种自我状态，就是成人自我状态，它是指导理性思维和客观的信息加工处理的部分。成人自我状态指导理性的、非感情用事的、较客观的行为，即指导解决问题。当一个人的成人自我状态起主导作用时，他待人接物比较冷静，处事谨慎，尊重别人。这种状态支配下的人，说话办事逻辑性强，喜欢探究为什么、怎么样等。

成人自我状态同年龄无关，并不是只有成年人才有的，它的形成和发展有一个过程，而这个过程从人的童年时期就开始了。独立思考的开始就是成人自我状态形成和发展的开始。它是有条理的、适应性强的、明智的。它通过公正地计算、估计可能性、以事实为基础做出判断的方式起作用。无论是处理生活中的其他问题还是与人交往，能让成人自我状态在自己的行为决策中起主导作用都是心理成熟的重要标志。

二、自我状态的平衡

父母、成人、儿童这三种自我状态的每一种形态，在一个心理健康的人身上都起作用。例如，当一个人积极寻求欢乐，如度假旅行、打球、逛乐园时，通常是儿童自我状态在支配他的行动。当你所爱的人需要同情，或者当孩子需要纪律的约束时，一般由父母自我状态支配这两种情况。当某人在计划家庭经济开支，或努力解决工作中的复杂问题时，成人自我状态通常起支配作用。这种均衡的生活，实际上是人格这三部分的每一个部分在个人的时间和情绪精力上的合理分配的结果。人格的三种自我状态必须相互平衡、协调，当它们共同有机地负担起支配行为的职责时，这个人才是正常的、健康的。

三、自我状态与旅游决策

人的个性中的三种自我状态相互制约、共同参与决策。这为我们分析旅游者的消费行为和旅游服务行为提供了非常有价值的角度。

人们是否要去旅游，选择什么样的旅游目的地，乘坐什么样的交通工具，游览什么样的旅游景点，人格的每一种自我状态都会提出自己的看法。这三个自我状态分别用感情、权威和理智来支配人的行为，它们是人们内心世界中的三个不同的"行为决策者"。如果这三种自我状态的观点不一致，旅游决策就不能形成。由于这三个自我状态在旅游决策中所占的优势不同，所以即便是同一个人，对同一件事也完全有可能做出不同的反应。

娱乐性旅游的许多主要决策，显然来源于儿童自我状态。人们内心中的"儿童自我"用感情支配行为，旅游很容易迎合儿童自我状态。首先是因为旅游给人以许多乐趣的希望。它无须花多少时间便能勾起人们的想象，沙滩、森林、公园、高尔夫球场、美味的餐馆、窗明几净的舒适的房间、优美的景色、新鲜的事物、还有一些令人振奋的事都能激发各种年龄的潜在旅游者的儿童自我状态。旅游广告、对去年度假旅游的美好回忆、四处周游的朋友的第一手资料都促进儿童自我状态形成内心的旅游想象。在旅游促销活动中，我们应该充分认识到这一点，要激发旅游者的消费欲望，激发起他们的快乐情感，使其处于"跃跃欲试"的状态。

当儿童自我状态本能地对将带来乐趣的旅游感兴趣时，父母自我状态往往采取保留态度，因为它按规矩行事，记录了许多道德规范和行为准则，做任何旅游决策都要按此标准来衡量。父母自我状态的旅游动机，主要表现在教育和文化上的益处、家庭团聚、工作之余消除疲劳、义务、经济状况、地位、声望。如果这些动机被激发起来，就会使父母自我状态同意儿童自我状态通过旅游尽情娱乐。即使父母自我状态已同意儿童自我状态进行旅游之后，还可能坚持已做出的规定，诸如花多少钱，出去多长时间等。这就要求在针对这一自我状态进行旅游促销时，要提出一个高尚的或有意义的理由，以满足其父母自我状态的需要，比如"这样做既合乎身份，又有利于工作"等。

成人自我状态用理智来支配人的行为，它在"儿童自我"和"父母自我"之间进行调节和仲裁。它面对现实，理智地看问题，在"儿童自我"和"父母自我"之间摆事实、讲道理，力争做出合理、公正、客观的旅游决策。成人自我状态也负责收集同意个人安排外出旅游所需的真实、可靠的信息。当一个人的"儿童自我"和"父母自我"为是否外出旅游而争论不休时，"成人自我"扮演着一个仲裁者的角色，发挥着关键性的调和作用，并努力设法使旅游的决策合理化。"成人自我"一方面说服"父母自我"同意"儿童自我"的旅游要求；另一方面则说服"儿童自我"听从"父母自我"的劝告和建议。换言之，成人自我状态的作用，就是合理地做出旅游中食、住、行、游、购、娱的决策。因此，在促销时应进行理性说服，给予其足够的信息参考，使成人自我状态得出"可以""还合适"等结论。

从旅游促销的角度讲，旅游促销广告宣传表面上是针对旅游者或潜在旅游者个人，但实际上应该针对人的三种自我状态同时做工作，这样他们才会感到旅游消费行为是成功的，经历是美好的。要想让人们去旅游，就要使旅游者或潜在旅游者内心中的"儿童自我"动心，"父母自我"放心，"成人自我"觉得省心。具体到旅游服务过程中，对父母自我型的旅游者，要用儿童自我状态先接受下来，避其锋芒，使客人的自尊心得到一定程度的满足，而后再设法调动客人的成人自我状态并晓之以理；如果旅游者处于儿童自我状态，表现出刁蛮无理或发泄情绪时，旅游服务人员就要对以父母自我状态中慈爱的一面，展现出宽容、忍让，先予以缓冲、消气，然后再唤起其成人自我状态，进行平等、理性的交往。

【本章小结】

1. 人格是在先天的生理基础上，在适应后天环境的过程中所表现出的系统的、稳定的态度、行为反应模式。

2. 气质人格理论主要有：古希腊的四种体液说和荣格的八种性格类型说。古希腊的四种体液说，把人的气质分为胆汁质、多血质、黏液质、抑郁质四种类型；荣格的八种性格类型说，把人的性格分为外倾思维型、外倾感情型、外倾感觉型、外倾直觉型，内倾思维型、内倾感情型、内倾感觉型、内倾直觉型八种类型。特质人格理论主要有：阿尔波特的学说，卡特尔的人格的十六种因素的学说，艾森克的人格理论和"大五"人格理论。

3. 根据四种典型的气质类型：胆汁质、多血质、黏液质、抑郁质，可把旅游者分为急躁型、活泼型、稳重型、忧郁型四种类型。对不同气质的游客要采取不同的应对方法。

4. 旅游行为是人的整个生活方式的一部分。根据不同的旅游者的生活方式与旅游行为之间的关系，大致可以分为喜欢安静生活的旅游者、交际型的旅游者、对历史感兴趣的旅游者和使用信用卡的旅游者。

5. 人格结构分为儿童自我状态、父母自我状态和成人自我状态。这三种自我状态的每一种都支配着不同的态度，理解这些态度有助于我们更好地理解旅游行为。此外，在旅游营销时，应该设法满足每一种人格自我状态的要求。

【思考与练习】

1. 什么是旅游消费者的人格？
2. 简述四种气质不同的旅游者的特征。
3. 试从人格结构的角度，分析面对不同人格结构类型的旅游者应如何进行有针对性的旅游营销。

第七章

旅游者的情绪

【学习目标】

- 掌握情绪的定义，以及情绪的两极性
- 了解情绪的生理机制，以及情绪与情感理论
- 了解旅游者的意志过程

第一节 旅游者的情绪过程

一、情绪的含义

情绪是一种躯体和精神上的复杂的变化模式，包括生理唤醒、感觉、认知过程以及行为反应。

美国心理学家伊扎德认为情绪的概念包括生理基础、主观体验和表情行为三个方面。生理反应是情绪的一个侧面，当一个人情绪激动时，他的一系列生理基础指标都会偏离正常值。情绪的另一个侧面是个体对它的主观体验，情绪体验是脑的感受状态，是在个体与环境长期的相互适应过程中，在生存和需要的满足与否中发展而来的，体验是情绪的心理实体。情绪与有机体的需要紧密联系，能够满足人们某种需要的对象会引起人希望的、积极的情绪体验，如高兴、喜悦、快乐、恬静、满意、希望、放松等愉快而有效的情绪体验，而积极的情绪又能够提高人的生命活力，驱使人积极地行动；妨碍和干扰人们满足需要的对象会引起人反感的、消极的情绪体验，如愤怒、憎恶、痛恨、抑郁、忧愁、沮丧、焦虑、悲伤、不满、失望、内疚、羞愧、惊慌、恐惧、害怕、紧张等不愉快而无效的情绪体验，而消极的情绪又会降低人的生命活力，妨碍人积极地行动。情绪的第三个侧面是它的外显表现，也就是表情行为，情绪体验与外显表情行为具有确定的先

天一致性。美国加州大学的保罗·埃克曼等学者对表情进行了深入的研究,他们对新几内亚前文化民族与西方民族的各种表情进行了比较,证明了达尔文的最初假设——不同文化种族的人类的表情具有普遍性。

二、情绪的两极性

人的情绪和情感是极其复杂的,它反映了人的内心活动的多样性和复杂性,但不论何种情绪和情感都有一个明显的特征——两极性,即在情绪和情感的体验中往往有两种相对立的状态。从情绪和情感的性质上来说,表现为肯定和否定的两极。一般说来 主要有四个方面的两极性。

在快感度方面,两极为"愉快—不愉快";在紧张度方面,两极为"紧张—轻松";在激动水平方面,两极为"激动—平静";在强度方面,两极为"强—弱"。

情绪和情感的两极性是指处于两种极端位置上的、性质相反的情感,而在这两极之间,情绪和情感还有强度的变化。如喜,可从适意、愉快到欢乐、大喜、狂喜;怒,可从不满、愠、怒到大怒、暴怒。

从情绪和情感的作用来说,表现为积极的和消极的或增力的和减力的两极。积极的情绪可以增强人的活动能力,消极的情绪则会降低人的活动能力。处于肯定的积极的情绪,一般人的反应倾向是接近对象、拥有对象的行为,而处于否定的消极情绪,一般人的反应是倾向于离开对象、回避对象的行为。从这个角度讲,情绪和情感与人的动机和行为密切相关。因此,情绪和情感会对消费者行为产生很大的影响。不过,由于消费者的情绪和情感,特别是情绪,受到各种主客观因素的影响与制约,因而两极性的特征是可以彼此转化或互相融合的。

三、情绪的生理机制

(一)情绪的中枢机制

一系列的研究表明,情绪反应的特点在很大程度上取决于下丘脑、边缘系统以及脑干网状结构的功能,大脑皮层则对皮层下中枢的活动起调节作用。

在1954年,美国心理学家奥尔兹和米尔纳用"自我刺激"的方法,证明下丘脑存在"快乐中枢"。他们在老鼠的下丘脑背部埋下电极,另一端与杠杆相连,此杠杆又与电源连接。按压杠杆,在埋入电极的脑部就会受到一个微弱的电刺激,并引起老鼠产生快乐和满足的体验。经过反复学习,老鼠形成了操作性条件反射。为了追求快乐,老鼠就不断地压杠杆,每小时可达5000次,直到精疲力竭为止。如在老鼠的其他脑部位埋上电极,快乐效果不明显或根本不出现上述情况,有时还可能体验到痛苦。这时,老鼠就会按压截断电刺激的杠杆。这些部位就被称为"惩罚"或"痛苦"中枢。

研究还表明，脑干的网状结构对情绪也有重要的激活作用。美国心理学家林斯利在 1951 年提出了激活说，他认为网状结构的功能在于唤醒，它是情绪产生的必要条件。

（二）情绪的机体表现

情绪情感的机体表现可分为内部和外部两大类。

1. 内部系统的变化

情绪情感的内部机体表现包括呼吸系统、循环系统、腺体以及皮肤电与脑电反应，它们都可以作为测查情绪、情感表现的指标之一。

（1）呼吸系统的变化。人在平静时每分钟一般呼吸 20 次，愤怒时呼吸每分钟可达四五十次；突然惊恐时呼吸会暂时中断，狂喜或悲痛时，呼吸还会发生痉挛现象；笑时呼气快而吸气慢，呼吸的比率低至 0.30，而惊讶时吸气则是呼气的两三倍；恐惧时，呼气与吸气的比率由平静状态下的 0.70 上升到 3.00 或 4.00。

（2）血液循环系统的变化。人恐惧或暴怒时，会心跳加速、血压升高、血糖增加等。

（3）腺体的变化。发生消极情绪时，消化腺的活动往往受到抑制。比如，焦虑、悲伤时，肠胃蠕动功能下降，食欲衰退。惊恐、愤怒时，唾液常常停止分泌，而感到口干舌燥。泪腺以及各种内分泌腺都会在情绪状态变化时发生系列的变化。

（4）皮肤电与脑电的变化。人在惊恐、困惑、紧张时，皮肤电的反应最显著。因为情绪状态中，血管的收缩和汗腺的变化会引起皮肤电阻的变化。因为汗液中有大量的钠元素，使导电性增强，电阻下降，电流就升高。此外，在不同情绪状态下，脑电波也会发生变化。当人处于松弛状态时，脑电波活动表现为每秒波动 10 次的脑电中波。随着情绪活动强度的增加，这种节律会消失，即产生 α 波阻抑。

2. 外部表情的变化

伴随情绪情感状态，可以直接观察到人的外部表情的变化。它们主要表现在面部、身体姿态和言语声调等方面。

（1）面部表情。面部表情最能表现个人的情绪状态，它主要是通过眼、眉、嘴、脸部肌肉的变化表现人的各种情绪状态。比如，悲伤时，嘴角下垂，眉头紧锁；欢笑时，嘴角向上，双眉展开；轻蔑时，耸起鼻子，双目斜视；羞愧时，面红耳赤等都是面部表情的变化。

美国心理学家艾克曼的实验证明，人的面部的不同部位对表情达意的作用是不同的。比如，眼睛对表达忧伤最重要，口部对表现快乐与厌恶最重要。眼睛、嘴和前额对表现愤怒情绪都是重要的。

心理学家汤姆金斯曾假定存在八种原始的情绪，如兴趣、愉快、惊奇、悲痛、恐惧、羞愧、轻蔑和愤怒，并假定每种情绪都有相应的面部表情的模式。兴趣兴奋时，面部模式为眉眼朝下、眼睛追踪着看、倾听；愉快时，面部模式为笑、嘴唇朝外朝上扩展、眼笑；惊奇时，面部模式为眼眉朝上、眨眼；悲痛时，面部模式为哭、眼眉拱起、嘴朝下、有泪有韵律地抽泣；恐惧时，面部模式为眼呆、脸色苍白、脸出汗发抖、毛发竖起；羞愧或羞辱时，面部模式为眼朝下、头抬起；轻蔑或厌恶时，面部模式为冷笑、嘴唇朝上；愤怒时面部模式为皱眉、咬紧牙关、眼睛变狭窄、面部发红。

（2）身段表情。身段表情是指身体各部分的表情动作。比如，狂喜时"捧腹大笑"、恐惧时"紧缩双肩"、悔恨时"捶胸顿足"等表情都是身段表情。

（3）手势。手势是表达人的情绪的重要形式之一。它常常和言语一起用来表示赞成或反对、喜欢或厌恶、接纳或拒绝、抑或无可奈何等。在无法用言语进行沟通的情况下，单凭手势，有时也可以在一定程度上达到情绪交流的目的。

（4）言语表情。言语表情是指情绪状态中，人的语言声调、速度、节奏等方面的表情。比如，高亢、急促、快速的语调往往表示激动、兴奋的情绪；低沉、缓慢的声调往往表示悲伤、惋惜的情绪等。

总之，面部表情、身段动作以及语调等都是人与人之间非语言交流的形式，可以把它们称作"体语"。在许多场合中，人与人之间不用语言，只通过察言观色、观察身段、手势动作以及听语调等，就可以达到彼此了解意图和情绪的目的。

四、情绪与情感理论

（一）詹姆斯—兰格理论

美国心理学家詹姆斯和丹麦生理学家兰格在19世纪末期分别提出了内容相同的情绪理论，强调情绪的产生是植物性神经系统活动的产物，被心理学界称为詹姆斯—兰格情绪外周学说，且被认为是第一个真正的情绪学说。詹姆斯认为，使人激动的外部事件所引起的身体变化是情绪产生的直接原因，指出情绪就是对身体变化的知觉：高兴是由笑容所导致的，愤怒是从打斗而发生的，悲伤是由哭泣所引起的，恐惧则是从战栗而来的。兰格认为情绪是内脏活动的结果，他们的基本观点都是由情绪刺激情境唤起身体的生理反应，被知觉到以后引发特定的情绪反应。

（二）坎农—巴德理论

坎农最早对詹姆斯理论提出了批评，他认为情绪的中心不在外周神经系统，而在中枢神经系统的丘脑。由外界情绪刺激引起感觉器官的神经冲动，通过内导神经，传到丘脑。再由丘脑同时向上向下发出神经冲动，向上传到大脑产生情绪的主观体验，向下传到交感神经引起机体的生理变化。情绪体验和生理唤醒反应以及行为是同时发生的，它们都受丘脑的控制。坎农的学说得到巴德的支持和发展，所以被心理学界称为坎农—巴德理论。

（三）认知评价理论

阿诺德的"情绪评价—兴奋学说"认为刺激情境并不直接决定情绪的性质，刺激出现到情绪产生，要经过对刺激的认识和评价，情绪产生的基本过程是刺激情境—评估—情绪。同一刺激情境，由于对它的评估不一样，就会产生不同的情绪反应。拉扎勒斯的"认知—评价理论"认为情绪是综合性反应，包括环境的、生理的、认知的行为的成分，每种情绪都有它自身所独有的反应模式。"情绪体验不能被简单理解为在个人或大脑中发生了什么，而要考虑和评估环境的交互作用。""认知—评价理论"的三个要点是；情绪的发展来自环境信息；情绪依赖于短时的或者持续的评价；情绪是一种生理心理反应的组织。

第二节 旅游者的意志心理过程

旅游消费者的心理活动并不只限于对旅游产品和服务的认识情感体验，还有旅游者最终做出购买决策的意志心理。

一、意志的含义

旅游消费者在购买活动中有目的、自觉地支配和调节自己的行动，努力克服各种困难，从而实现既定购买目的的心理过程，就是旅游消费者的意志心理过程。

如果说旅游消费者对商品认识活动是由外部刺激向内在意识转化，那么，旅游消费者对商品的意志活动就是由内在意识向外部行动的转化。旅游消费者的意志过程同认识过程、情感过程一样，是旅游消费者心理活动不可缺少的组成部分。

二、旅游消费者意志过程的基本特征

（一）有明确的购买目的

旅游消费者在购买过程中的意志活动是以明确的购买目的为基础的。因此，在有目的的购买行为中，意志活动体现得最为明显。通常为满足自身的特定需要，旅游消费者经过思考预先确定了购买目标，然后自觉地、有计划地按购买目

的去支配和调节购买行动。

（二）与排除干扰和克服困难相联系

现实生活中，旅游消费者为达到既定目的而需要排除的干扰和克服的困难是多方面的。比如，时尚与个人情趣的差异、支付能力有限与产品及服务价格昂贵的矛盾、体验或服务质量差所造成的障碍等。这就需要旅游消费者在购买活动中，既要排除思想方面的矛盾、冲突和干扰，又要克服外部社会条件方面的困难。所以，在购买目的确定后，旅游消费者为克服现实中的各种困难需要做出一定的努力。

（三）调节购买行动的全过程。

意志对行动的调节，包括发动行为和制止行为两个方面。前者表现为激发起积极的情绪，推动旅游消费者为达到既定目的而采取一系列行动；后者则抑制消极的情绪，制止与达到既定目的相矛盾的行动。这两方面的系统作用，使旅游消费者得以控制购买行为发生、发展和结束的全过程。

三、旅游消费者意志过程分析

尽管旅游消费者的意志过程具有明确的购买目的和调节购买行为全过程的特征，但这些特征总是在意志行动的具体过程中表现出来的。通常，意志过程可以分为三个行动阶段。

（一）做出购买决定阶段

这是旅游消费者购买活动的初始阶段。这阶段包括购买动机的取舍、购买目的的确定、购买方式的选择和购买计划的制订，实际上是购买前的准备阶段。消费者从自身需求出发做出消费决定。

（二）执行购买决定阶段

在这一阶段，购买决定转化为实际的购买行动，旅游消费者通过一定的方式和渠道购买到自己所需的商品或服务。当然，这一转化过程在现实生活中不会是很顺利的，往往会遇到一些障碍需要加以排除。所以，执行购买决定是消费者意志活动的中心环节。

（三）体验执行效果阶段

完成购买行为后，消费者的意志过程并未结束。通过对商品的使用，消费者还要体验执行购买决定的效果。如旅游活动的体验是否良好，实际效果与预期是否接近等。在上述体验的基础上，旅游消费者将评价旅游活动是否明智。这种对购买决策的检验和反省，对今后的购买行为有重要意义，它将决定旅游消费者今后是重复购买还是拒绝购买该旅游产品服务。

在上述阶段的基础上，旅游消费者完成了从认识到情绪到意志的整个心理活动过程。

【本章小结】

1. 消费者在旅游过程中，会产生满意或不满意等情感体验过程。认识过程反映的是客观事物的本质属性，而情绪是人们对客观事物是否符合自己的需要所产生的一种主观体验。情绪是一种躯体和精神上的复杂的变化模式，包括生理唤醒、感觉、认知过程以及行为反应。

2. 本章简要介绍了人的情绪和情感都有两极性的特征，情绪和情感的生理机制，情绪和情感的机体表现。我们还介绍了詹姆斯—兰格理论、坎农—巴德理论和阿诺德的"情绪评价—兴奋学说"三种情绪理论。

3. 本章对消费者的意志心理过程进行了简单阐述。消费者在购买决策过程中，不仅要用认识心理过程了解商品和服务，还有情绪情感体验，而且更主要的是要有计划地实施购买决策。为保证消费者不受干扰努力去实现既定的购买目标，而采取的一系列心理活动，就是消费者的意志心理过程。本章还简要介绍了消费者意志过程的基本特征和消费者意志过程可以分为三个行动阶段。在上述阶段的基础上，消费者完成了从认识到情绪到意志的整个心理活动过程。

【思考与练习】

1. 旅游消费者的情绪变化体现在哪些方面？
2. 简述关于情绪的基本理论。
3. 旅游消费者在意志行动过程分为哪几个阶段？

第八章

旅游者的记忆

【学习目标】

- 掌握记忆和遗忘的定义,以及遗忘的原因及影响因素
- 了解记忆的分类
- 从记忆的承载者、传递者或生产者两个角度,理解旅游活动所蕴含的文化记忆

第一节 记忆概述

感觉与知觉只能使消费者获得对旅游产品或服务本身直观形象的了解。要想进一步加深消费者的认识,还要利用记忆、想象与思维等较高级的心理活动来完成和深化其认识过程。

一、记忆的含义

记忆是人脑对经历过的事物的反映。如过去感知过的事物、思考过的问题、体验过的情感等,都能以经验的形式在头脑中保存下来,并在一定条件下重现出来。

人脑具有对过去经验反映的机能,是因为主体接受了客体的刺激之后,会在大脑皮层上留下兴奋过程的痕迹。这些痕迹一旦被重新"激活",人脑中就会重现已消失的刺激物的印象。所以说记忆是人脑的一种机能,它的生理学基础是大脑神经中枢对某种印迹的建立和巩固。现代研究表明,人脑像一个指挥中枢一样向身体的各个器官和部位发号施令,它所记忆的特定信息对人体行为产生极大影响和作用。科学家将记忆之谜称为"生物界最大的自然之谜"。斯帕尔丁说过:"记忆可能是天堂,我们不用担心会被驱逐;记忆也有可能是地狱,我们想逃也

逃不掉。"记忆是一个复杂的心理过程,记忆从心理活动上将过去与现在联系起来,并且再现过去经历过的事物,使人的心理活动成为一个连续发展的整体。

二、记忆的心理过程

记忆是获得信息并把信息贮存在头脑中以备将来使用的过程。心理学研究表明,这一过程包括识记、保持、回忆或再认三个基本环节。

记忆过程的第一个基本环节识记,是指识别和记住事物从而积累知识经验的过程。记忆的第二个基本环节保持,是指巩固已经获得的知识经验的过程,它的对立面是遗忘。实际上,保持就是防止遗忘的心理活动。如何知道过去的知识经验已在头脑中保持,其识记后的结果可以通过回忆或再认的方式表现出来。记忆过程的第三个基本环节是回忆或再认。过去经历过的事物在头脑中重新呈现出来的过程称为回忆;过去经历过的事物再次出现时能够把它们辨认出来称为再认。回忆和再认之间的主要区别在于:再认是在感知过程中进行的,而回忆则是在感知之外,通过一定的思维活动进行的。

记忆过程的三个基本环节是相互联系、相互制约的。在20世纪50年代以后,心理学界倾向于用信息论的观点来解释记忆。把记忆看成是信息的输入、编码、储存和在一定条件下提取的过程。

三、消费者的遗忘

(一)遗忘的含义

人的大脑就像是一个容量巨大的宝库,所有经历过的事情,思考过的问题,体验过的情感统统都被装进去,成为人的记忆。通常人们认为,记忆是大脑对经历过的事情的忠实记录,其实不然,记忆也是有缺陷的,它跟现实可能有很多出入之处。心理学家在研究中发现,在记忆过程的第二个阶段,即保持阶段,由于每个人的知识和经验的不同,每个人加工和组织经验的方式也不同。

记忆保持内容的变化不仅与个人的知识经验有关,还与遗忘心理活动有关。遗忘是指对识记过的事物不能再认或回忆,或者表现为错误的再认或回忆。遗忘是和记忆保持相反的心理过程,其实质是由于不使用或受其他学习材料的干扰,导致记忆中保持的材料丧失。遗忘可分为暂时性遗忘和永久性遗忘。暂时性遗忘是指已经转入长时记忆中的内容一时不能被提取,但在适宜的条件下还可恢复。比如,消费者一时叫不出自己熟悉的商品的名称,想不起使用过的商品的操作程序,都属于暂时性遗忘。永久性遗忘指识记过的材料,不经重新学习不能再行恢复的现象。比如,一些曾经在电视中出现的广告,倘若消费者不去有意注意和有意识记,很可能会完全忘记。其实,适度遗忘有一定的好处,可以减轻大脑的负荷，使大脑储存和巩固重要的学习内容。

（二）影响遗忘进程的因素

遗忘进程不仅受时间因素的影响，而且还受许多其他因素的影响。

（1）学习态度。学习者对识记材料的需要、兴趣等，对遗忘的快慢有一定影响。在人们生活中没有重要意义、不占主要地位的内容，不能引起人们的兴趣，不符合人们需要的事情，会首先被遗忘。而人们需要的、感兴趣的、具有情绪作用的，则遗忘得较慢。经过人们的努力、积极加以组织的材料遗忘得较少，而单纯地重复材料，识记的效果较差，遗忘得较快。

（2）识记材料的性质和数量。一般地说，熟练的动作遗忘得较慢；形象性的材料比较容易长期保持；有意义的材料比无意义的材料遗忘得慢。在材料的数量方面，当学习材料数量超过记忆广度时，其数量的增加会引起学习的困难。在学习程度相同的情况下，要达到同样的识记水平，识记材料数量越多，遗忘的也就越快；识记材料越少，则遗忘越慢。

（3）材料在序列中的位置。识记材料的序列位置不同，遗忘的情况也不一样。一般是排列在序列首末两端部位的材料容易记忆，不易遗忘，而排列在中间部位的材料则容易遗忘。

（三）遗忘的原因

关于消费者遗忘的原因，归纳起来主要有三种假设，即衰退说、干扰说和压抑说。

（1）衰退说。这种理论认为，遗忘是由于记忆痕迹得不到强化而逐渐减弱、衰退以至消失的结果。正像草地上的小路，如果持续不断地有人走过，小路的痕迹就会继续保存，如果没有人走过，那么原来裸露出的小路痕迹会因荒草的蔓延而逐渐埋没。大脑皮层内的神经细胞因新陈代谢而不断变化，没有新生的细胞参与原有的活动，也会像小路一样，留下痕迹的这种生理变化就会由浅变淡最后消失。这种学说对遗忘所做的记忆痕迹的解释易于为人们所接受，但是不能用衰退说解释所有的事实。因为在一段时间内保持量的下降，可能是由于其他材料的干扰，而不是痕迹衰退的结果。有些实验证明，即使在短时记忆的情况下，干扰也是造成遗忘的重要原因。

（2）干扰说。这种理论认为，遗忘是因为在学习和回忆之间受到其他刺激干扰的结果。或者说遗忘的产生取决于信息储存以后的提取困难或错误。因此，记忆痕迹本身并未发生变化，储存的信息之所以不能被提取是新旧材料彼此干扰而产生的抑制所致。干扰一旦被排除，记忆就能恢复。这个学说最有力的证据就是前摄抑制和后摄抑制。

前摄抑制是指先前学习的材料对后学习的材料的干扰作用。后摄抑制是后学习的材料对先前学习材料的干扰作用。在消费者购买活动中，前摄抑制和后摄抑制的影响是十分明显的。消费者在连续接受大量消费信息后，往往对开始和最后的信息记忆深刻，中间内容则记忆不清。

（3）压抑说。这种理论认为，遗忘的原因是由情绪或动机的压抑作用引起的，如果这种压抑被解除，记忆就能恢复。这种现象首先是由弗洛伊德在给精神病人施行催眠术时发现的。许多人能回忆起早年生活中的许多事情，而这些事情在平时是回忆不起来的。弗洛伊德认为，这些经验之所以不能回忆，是因为回忆它们时，会使人产生痛苦、不愉快和忧愁，因而被无意识的动机所压抑。压抑说考虑到个体的需要、欲望、动机、情绪等在记忆中的作用，这是对前两种理论的补充。尽管这种理论不能解释一般的遗忘现象，但它仍然是值得被重视的一种理论。

四、记忆的分类

（一）根据记忆内容的分类

（1）形象记忆，是以感知过的事物形象为内容的记忆。这些形象可以是视觉形象，也可以是听觉、味觉、嗅觉等形象。

（2）逻辑记忆，是以概念、公式、定理、规律等为内容的记忆。它是通过词语表现出来的对事物的意义、性质、关系等方面内容的记忆。如消费者对某种旅游纪念商品的制作原理、对旅游地广告宣传等方面的记忆就是逻辑记忆。

（3）情感记忆，是以体验的某种情感为内容的记忆。如旅游消费者旅游后体验到满意和愉悦。

（4）运动记忆，是以过去做过的运动或动作为内容的记忆。如观看旅游节目后了解到花式滑冰运动，对典型滑冰动作的记忆就是运动记忆。

（二）根据记忆保持时间的分类

（1）瞬时记忆，也称感觉记忆。它是指当停止呈现客观的刺激物后，感觉信息在人脑中还能继续保持一个很短的时间的记忆。进入瞬时记忆的信息在头脑中保持的时间为 0.25~2 秒。在瞬时记忆中被登记的信息，如果受到注意，它就转入第二个阶段，即短时记忆阶段，如果没有受到注意则很快消失。

（2）短时记忆，也称操作记忆。它是指信息保持在一分钟内的记忆。短时记忆在消费者活动中是必不可少的。消费者了解广告信息等，是离不开短时记忆的。

（3）长时记忆，是指信息经过充分的和有一定深度的加工后，在头脑中长时间保留的记忆。它保存的时间长，从一分钟以上直到许多年乃至终身不忘。长时记忆是对短时记忆加工、复述的结果。只要有足够的复述，长时记忆的容量是相对无限的。有时强烈的刺激给人造成深刻的印象，也能一次形成长时记忆。

第二节 旅游地的记忆承载与旅游者体验

与记忆紧密相关的旅游活动，主要包含神圣仪式、寻根旅游、移民、爱国者旅游以及周年纪念庆典等。吴炆佳和孙九霞认为，旅游中的记忆研究可以从记忆的承载者（即旅游景观和仪式）以及记忆的传递者或生产者（即游客）两个主要视角进行分析。

一、承载记忆的旅游景观

景观是记忆的重要载体。物质的有形结构作为记忆的"容器"，例如博物馆、纪念性雕塑、纪念馆等物质空间，可以作为人们对地方依恋以及与个人经历相关的集体记忆的承载物。综合来看，承载记忆的旅游景观包括：承载战争记忆的旅游地，承载自然灾难记忆的旅游地，承载政治运动记忆的旅游地，以及世界遗产旅游地等。

（一）承载战争记忆的旅游地

关于战争记忆的旅游研究，是随着第一次和第二次世界大战纪念物的建造而兴起的。Jon对战争纪念景观的发展历史做了整理和总结，认为公共空间纪念物和军事纪念碑是记忆的图像学研究的最重要对象。19世纪，种植园或田野公墓为其主要表现形式；第一次世界大战后，大型战场遗址被人们视为神圣空间而保护起来，一些祭拜仪式多在战场遗址上举办；1945年以后，战争景观的祭奠多采用战争纪念馆等实用主义形式，这个阶段也出现了反对纪念性景观的声音，认为这些景观与旅游景点并存并不和谐。方叶林等则探寻参观南京大屠杀纪念馆的游客的出游动机以及动机对旅游体验的影响，发现"责任与义务"是游客前来参观的主要动机，这种积极主动的参观动机有利于游客的正面体验。另外，随着全球恐怖主义活动的蔓延，恐怖主义活动留下的破坏性遗址自21世纪以来也逐渐成为旅游中的记忆研究主要关注的对象。Potts研究发现，纽约0号大楼已经从恐怖袭击废墟变成了商品化景点，大家对于"9·11"事件的记忆也随着旅游纪念品的大规模发售而庸俗化。

（二）承载自然灾难记忆的旅游地

有关灾难记忆的旅游研究。人们不仅通过旅游来积攒快乐的记忆，也通过拜访与个人经历相关的地方来了解或抚平情感创伤。灾难旅游已经成为旅游产业中的一个重要分支，是指围绕祭奠死亡或残暴行为的旅游形式。唐弘久和张捷探究以九寨沟旅游地区为例的旅游地居民对于"5.12"大地震集体记忆的信息建构特征,发现当地居民对于大地震的集体记忆主要来自社会交流、媒体宣传、生活场景和事件记载等四个方面。张巧运对5·12汶川大地震后四川羌族地区的灾后重建分析发现,大地震后兴起的灾难旅游和遗产旅游让羌族这个民族获得新生,不仅生活条件有了巨大改善,传统民俗也随着旅游的发展绽放出新的活力。

(三)承载政治运动记忆的旅游地

有关纪念政治运动的旅游研究,中西方均有较丰富的成果。Alderman是美国该研究领域的代表性人物,他主要关注美国南部地区在马丁·路德金去世后的街道命名和纪念物的变化。中国对于革命传统教育为主要议题的红色旅游的研究则很好地体现了集体记忆和国家记忆是如何与个人记忆结合起来的。贺欣和徐桂林对井冈山景区的研究发现,红色旅游地多运用情景再现、艺术再现、景区讲解和仪式传播等形式,建构历史记忆,以实现传授旅游者革命历史知识和革命传统教育的目的。

(四)世界遗产旅游地

有关遗产地的旅游研究。旅游和记忆之间的关系可以通过遗产地的研究而很容易地联系起来。历史遗迹等遗产地是集体记忆被展演给游客的集中展示地。Park发现,昌德宫是朝鲜民族共同的民族记忆,朝韩两国通过昌德宫这一有形的遗产地分享无形的民族记忆,遗产地是调和政治紧张和冲突的安全及中立的平台,朝韩两国拥有不可磨灭的共同的民族记忆。刘爱利等关注宗教型遗产地旅游商业化的演化过程及机制,对嵩山少林寺商业化阶段、产业链形态、旅游景观变迁、旅游世俗化影响等方面做出总结,发现中国宗教型遗产地在商业化开发过程中较大程度上抹去了原有的宗教记忆,对旅游者体验产生了消极影响。

同时,研究者对照片、明信片和故事等细微事物的关注也是旅游视角下记忆研究的一大特点。Garcia-Fuentes通过对世界遗产地西班牙巴塞罗那的官方旅游指南手册、明信片以及其他宣传材料上的景点简介等分析,发现大众媒体通过突出高迪等建筑师的建筑作品,成功地塑造了一个理想的世界遗产旅游目的地。

二、旅游中承载记忆的仪式

身份与个人记忆和集体记忆、社会记忆均有着千丝万缕的联系。仪式来源于宗教,同时又是世俗社会的某种"神圣化"表达。仪式作为象征性的行为与活动,不仅是表达性的,更是建构性的,个体在仪式过程中展示观念和自我意愿,官方权力机关则可通过仪式展现和建构权威。

在官方仪式层面,国家政权通过对仪式举行时间、仪式举办流程等方面的控制,将仪式生产为符号,从认知上影响人们对政治现实的定义,力争具有重大的情感影响力。Kong和Yeoh使用官方生产的纪念品以及杂志、新闻报道、参与者和旁观者的访谈等资料,从国家认同建构的视角来分析新加坡独立后每年的国庆日活动,发现官方仪式和景观可以从游行地点、游行主题、相关人员身体实践展示和游行经过地点的剧场化展示等方面来营造敬畏和崇拜感。我国部分少数民族节事活动已经逐渐成为一种重要的官方仪式。如西双版纳景洪市的泼水节,西双版纳当地政府通过对民族风情游演形式的控制,再次强调了官方形象和官方话语,而当地的宗教精英则通过宗教游演来展演"自我"对民间仪式的记忆。

在民间仪式层面,仪式更多地展现了社区参与主体如何通过仪式展现个人记忆和族群记忆。Yujie Zhu(2012)通过对丽江纳西族婚礼仪式的研究发现,丽江东巴文化中的婚礼仪式是人们对固有记忆、惯习以及具像化实践的反映,研究者认为原真性是流动的,原真性在个体的表演中被实践出来。Albera(2014)通过对阿尔卑斯山脉中修道院旅游的探查,发现这些修道院由于地理位置等原因,当地的社会流动力不强,神圣和非神圣的节日在几个世纪以来的旅游者等外来行动者的影响下,与19世纪相比并没有很大不同,文化被"冷冻"在这个修道院,但这种一成不变的文化并没有给当地带来社会经济红利,因此,人们有必要重新思考文化的复兴模式。

三、旅游者的情感体验与地方建构

旅游者作为旅游中最重要的主体之一,在与目的地景观邂逅的过程中产生互动,二者相互影响。记忆在旅游发展过程中被特定时空中特定身份群体不断生产出来,它并非一个既定的概念,而是在社会建构的过程中不断形成的。有关旅游者与记忆景观的研究,一方面,强调旅游者在记忆旅游过程中的体验,旅游者在旅游过程中强化了身份认同;另一方面,旅游者又作为权力主体,重新塑造记忆景观。

20世纪末人们开始热衷于怀旧,现代性生产出的失落感促使人们有一种回到过去的冲动。如果不计旅游目的地营销的努力,促使人们前往一个地方旅游的最根本动力在于个人或家庭与此有联系,或他们在以前的旅行过程中对这个地方有正面的体验。一旦旅游者抵达目的地,记忆会影响旅游者的实际体验。Marschall关注德国语境下的"乡愁旅游",意指旅游者原本居住在旅游目的地,但由于政治因素、自然或人为灾害搬离故乡去其他地方生活,当这些旅游者回到家乡游览的时候,他们不认为自己是"游客",自然灾害等因素并不能抹去这些旅游者的记忆,相反更加深了他们对于家乡的"乡愁"。Pearce强调了"游览家或熟悉地方"与"故地重游"之间的差别,游客再次拜访家或熟悉地方的动机主要出于对自我身份认同、时间概念以及地方意义的强调,应该从多维度进行分析,而单纯的多次游览同一个地方则可能仅出于对当时某个瞬间的怀念。与怀旧旅游不同的是，记忆旅游中旅游者对景点真实性的感知并不会受到旅游景点能否真实地展现的影响，相反，这种"非真实"的旅游体验或旅游偏好可能会给记忆载体带来发展契机。唐雪琼等对云南红河哈尼长街宴的研究发现，绿春县为了提升县城知名度、吸引更多游客前来，在哈尼族传统习俗的基础上创造出县城的"哈尼长街古宴"，促使当地文化得到重构。西双版纳傣族园景区的"天天泼水节"也是旅游发展过程中的商品化产物，傣族文化被旅游者带来的现代性和商品化而重新形塑，民族记忆也发生了改变。

同时，为了建立历史与人们现在生活的联系，每一代人都有选择性地表达一些信息来创造出社会记忆。战争等历史事件的社会记忆的延续受到人们相关社会活动的影响，例如家庭这一社会基本单元就在战争记忆的传承方面起到巨大作用。但关于历史事件的社会记忆对于事件的亲历者和后代来说，显然是不同的。社会记忆并没有消失，人们仍然可以通过对过去事件记载的阅读对当时的历史进行缅怀，但历史事件的意义对年轻一代来说却发生了巨大改变。

【本章小结】

1. 记忆是人脑对经历过的事物的反映，是获得信息并把信息贮存在头脑中以备将来使用的过程。然而，人的记忆容量有限，识记过的事物也会不能再认或回忆，或者表现为错误的再认或回忆，即发生遗忘。本章还简要介绍了影响遗忘进程的三个因素，包括学习态度、识记材料的性质和数量、材料在序列中的位置。本章也简要介绍了解释遗忘的三种假设，即衰退说、干扰说和压抑说。

2. 记忆根据内容进行分类，可以分为形象记忆、逻辑记忆、情感记忆、运动记忆；根据保持时间进行分类，可以分为瞬时记忆、短时记忆、长时记忆。

3. 承载记忆的旅游景观包括：承载战争记忆的旅游地，承载自然灾难记忆的旅游地，承载政治运动记忆的旅游地，以及世界遗产旅游地。仪式是另一种承载记忆的旅游元素，或是强调国家形象和国家话语，或是展现"自我"对民间仪式的记忆，承载着个人记忆、集体记忆乃至社会记忆。旅游者在旅游过程中强化了身份认同，同时旅游者又作为权力主体，重新塑造记忆景观。

【思考与练习】

1. 记忆的定义是什么？
2. 影响记忆的因素有哪些？
3. 承载着文化记忆的旅游景观包括哪些？

第九章

旅游者的决策

【学习目标】
· 掌握旅游决策的概念和内容
· 理解旅游决策的过程和特点,并理解影响旅游决策的因素
· 掌握旅游目的地的概念,了解国内外具有代表性的旅游目的地选择模型

第一节 旅游决策概述

旅游决策在旅游消费者行为领域中至关重要,是旅游研究中的热点之一。

一、旅游决策的概念和内容

"旅游决策"和"旅游购买决策"的概念相似,研究者往往根据自己的习惯选择性使用。旅游消费者对旅游地和旅游服务的选择,实质上是一种消费和购买行为。所谓旅游决策,是指个人根据自己的旅游目的,收集和加工有关的旅游信息,提出并选择旅游方案或旅游计划,并最终把选定的旅游方案或旅游计划付诸实施的过程。

有些学者将旅游决策行为等同于旅游目的地选择行为,而有些学者则认为旅游决策的内容包括对旅游六要素的选择和购买。本书认为,从狭义上讲,旅游决策的内容就是指旅游消费者的目的地选择行为;从广义上讲,旅游决策的内容不仅包括目的地的选择,还包括交通、住宿、餐饮娱乐、购物等单项旅游产品的决策,同时也应该包括对购买方式的选择,即旅游消费者对服务提供商和旅游产品销售渠道的选择。

二、旅游决策的过程

许多研究消费者行为的学者对消费者决策进行了研究。恩格尔等学者在1986年提出的消费者购买决策模型（又称E-K-B模式）是研究消费者行为的主流模型。该模型主要包括信息投入、信息处理、决策过程，影响决策过程的个人差异及外界影响五个部分，其中，决策过程是核心部分。恩格尔提出的模型把消费者的决策过程视为一个连续的过程。其中包括识别需求、信息搜集、选择评估、购买决策和购后评估五个阶段。

旅游决策与其他决策一样，是一个包括从内在的心理活动到外显行为的连续体，可以划分为一系列相关的阶段或步骤。因此，在借鉴上述早期消费者行为研究成果的基础上，旅游研究领域里的学者们提出过多种不同的旅游决策模型。在这些模型中，较具有代表性的例子是由麦西森和沃尔提出的旅游决策模型。这个模型把旅游决策的动态过程与影响旅游消费者行为的静态因素结合起来。麦西森和沃尔认为旅游消费者的决策过程包括了五个主要的阶段，即①旅游需求与欲望的感知阶段；②信息的搜寻与评估阶段；③旅游决策阶段；④旅游准备阶段和旅游体验阶段；⑤旅游满意的评价阶段。在每一个阶段，旅游消费者的决策都受到多种因素以及这些因素相互关系的影响。麦西森和沃尔将这些影响决策的因素概括为四大类，即旅游者特征、旅游认知、旅行特征和目的地资源与特征。其中，旅游者特征属于旅游者的社会经济特征和行为特征范畴；旅游认知（愿望）以及旅游感知形象的建立来自旅游者所获得的信息；旅行特征包括距离、停留时间、旅游费用和认知风险等因素；目的地资源与特征包括旅游吸引物的类型、可提供的服务及其质量、环境条件、当地居民特征和政治团体。

国内学者对旅游决策的过程也进行过探究。邱扶东、汪静在前人研究的基础上，通过访谈和问卷调查，认为旅游决策过程可以划分为七个阶段，即产生旅游的需求或动机、收集有关旅游的信息、确定旅游目的地或旅游线路、进行旅游预算、确定出游方式、决定是否外出旅游、外出旅游。东北财经大学的谢彦君教授将旅游决策分为个体旅游决策和群体旅游决策，并分别构建了个体旅游决策过程模型和群体旅游决策过程模型。

事实上，无论是个体旅游决策还是群体旅游决策，其过程都会包括以下几个阶段。

（一）旅游需要识别

旅游消费者决策首先是从对旅游产品消费需要的认识开始的。这种认识是基于消费者对物质或精神要素感到某些不满足，意识到期望状态和实际状态之间存在不一致，进而产生对某种需求的确认。当需要迫切到一定的程度时，旅游消费者就会产生动机,并驱使人们采取行动给予满足。

（二）旅游信息搜寻

旅游者为了更好地满足自己的旅游需要,可能会依据过去旅游经验与个人所掌握的旅游知识,也可能会通过旅行社、广告、电视节目、报纸杂志、亲朋好友等渠道搜集有关旅游目的地方面的食、住、行、游、购、娱等旅游信息。当然,搜寻信息是需要一定的时间、金钱和精力的,但是搜寻信息是必要的,因为这意味着更低的价格、更好的旅游服务和更满意的旅游路线。

（三）旅游方案评估

旅游消费者根据某些标准对旅游方案进行评估和选择。这些标准有的是客观的,有的则是主观的,如旅游消费者在选择目的地时会以距离、时间、价格等客观条件作为衡量标准,对于有些方案则考虑是否符合自己的社会地位、形象等主观标准。对于消费者个体而言,旅游产品和服务的一些特点是因人而异的,因为消费者的需求不一样。对于每个消费者来说,评估标准可能会有很多,但通常只有一两个是最重要的,对决策起决定性的作用。

（四）购买决策实施

旅游消费者确定方案后,就开始实施方案,也就是对旅游产品或服务的消费和购买。但是,购买意向能否转化为实际购买,主要受他人的态度、意外因素、购买风险等因素的影响。

（五）购后行为

旅游消费者在结束旅游活动后,通常会按照自己的期望对旅游产品或服务进行评价,也就是对旅游产品或服务是否满意。满意的旅游消费者对旅游目的地、旅游企业和旅游活动产生积极的态度,并可能发展成为忠实性的行为,如向他人推荐、重游等。相反,不满意的旅游消费者则会向他人抱怨,可能不会再次购买该旅游产品或进行重游。

三、旅游决策的特点

（一）复杂性

旅游是种高层次的消费活动,相比普通的消费决策,其过程当然也要复杂很多。旅游决策过程涉及各项决定,如目的地的选择、出行人员、出行方式、住宿、餐饮、购物、参与活动、预算支出等。一次旅游决策的制定实质上是由各项细分的决策综合组成的,而且这些细分的决策在整个决策中都具有独特的作用,缺一不可。换句话说,旅游决策的完整制定建立在这些细分决策制定的基础之上,反映并协调每一个细分决策,如果个别细分决策没有组织好,那么整个旅游过程就很可能会矛盾不断,使游玩过程不能尽兴。以家庭旅游为例,因为涉及各个年龄层次的家庭成员，所以在选择旅游目的地、游览景点和娱乐活动时，就不能只考虑个别人的兴趣，而要顾及年长的父母和年幼的孩子，从而综合协调旅游行程。

（二）偶发性

旅游决策实际上并不一定是连续的过程，这是由于旅游是一种异地性的消费，这个特点决定了旅游过程中必然会面临各种无法预料的状况。正所谓"计划赶不上变化"，即使先前的决策非常周密，也不可避免地会遇到一些临时改变。因此，旅游决策往往不是静态的，而是一个动态解决问题的过程，早期阶段的决策能确保后期决策处于正常运转的状态，而后期在旅游目的地的临时决策能在一定程度上确保旅游行程的正常实现。

在现实旅游决策中，人们的行为不免要受到各种信息、环境及情境因素的影响，旅游前的决策不可能特别周密，而且对于一些附加决策，也完全没有办法在出行前完全制定。

四、旅游决策的影响因素

作为一种特殊的消费决策，按照新古典经济学理论的描述，旅游决策最基本的影响因素包括两大方面。第一是旅游者所处的外部环境，主要有：①消费选择自由，即旅游者在购买活动中，基本不受限量、配额和短缺的约束；②价格充分弹性，旅游产品和服务的价格，取决于供给和需求的关系；③预算约束，即购买受个人收入的限制；④没有流动约束，即借贷自由；⑤不确定性，旅游产品和服务、个人收入、旅游政策等，存在不确定性。第二是旅游者的内在因素，主要有：①理性主体，即决策者的理性是适度理性；②追求效用最大化，即寻求最大限度满足自己需要的方案；③规避风险，决策者总是试图使风险降低到最低；④时间偏好，旅游者通常看重现在的消费。但在实际的旅游决策过程中，涉及的影响因素远比这种理论描述要复杂，邱扶东等将旅游决策的影响因素归纳为六类。

（一）旅游服务因素

旅游服务因素是人们进行旅游决策的重要依据，包括客源地旅游服务系统、出行服务系统、目的地服务系统和支持服务系统，主要涉及吃、住、行、游、购、娱等具体的旅游服务。

（二）社会支持因素

个人的心理和行为受社会环境的规范和制约。社会对旅游进行宣传和倡导，并提供一定的便利，无疑会促进旅游风气的形成。同时，社会支持已经使旅游成为现代人生活方式的重要组成部分，有机会、有条件而不去旅游，个人不仅会感受到外在的社会压力，而且会感受到内在的心理冲突。

(三)个人心理因素

个人心理因素包括旅游消费者对某些旅游产品和服务的偏好、旅游需要和动机、过去的旅游经验、所掌握的旅游知识等。人的行为是个人特征与环境互相作用的产物。个人心理因素会影响他们怎样认识、评价旅游环境，以及持有什么样的决策标准，从而影响他们的旅游决策。

(四)群体支持因素

个人的心理和行为既受所属群体的影响，又受参照群体的影响。因此，时尚、家人、亲朋好友等，都会影响个人的旅游决策。在旅游活动中，很多情况下参照群体比所属群体拥有更大的影响力。

(五)社会经济因素

日常生活的压力、金钱、时间等因素，是现代旅游的基本约束条件。对于现代人来说，在拥有金钱和时间的情况下，想要解除日常生活的压力，最佳的途径就是外出旅游。

(六)其他因素

包括几个难以归属到其他类型之中的因素，即亲朋好友的旅游推荐、旅游广告宣传、旅游目的地的远近等。

此外，旅游决策还受决策者的性别、年龄文化水平、职业、家庭人均月收入、年平均出游次数等人口统计特征的制约。

第二节 旅游消费者对目的地的选择

旅游目的地是指能够对一定规模的旅游者形成吸引力，并能够满足其特定旅游目的的各种旅游设施和服务体系的空间集合。在旅游决策中，旅游目的地选择是最重要的决策，也是旅游消费者行为研究中的重要组成部分。事实上，旅游决策问题通常包含两个命题：其一是要不要去旅游的问题，涉及旅游者的需要和动机；其二是选择哪个特定旅游目的地享受何种旅游产品的问题。一般来说，在旅游者明确自己的旅游动机之后，便会通过各种途径搜集信息，进行一系列关于旅游目的地、旅游方式、旅行时间等的决策。由于旅游目的地是旅游活动的中心，而且对旅游目的地的选择通常关系到其他相关决策的产生，因此，目的地选择可以被认为是最核心的旅游决策。

一、国外经典旅游目的地选择模型

自20世纪70年代起，旅游者目的地选择的问题便引起众多国外学者的关注，他们从不同的角度出发，提出了一系列旨在清晰揭示旅游者选择目的地的行为过程和心理特征的概念模型，为后来旅游目的地选择的相关研究和营销实践提供了借鉴。

有一些研究模型将旅游目的地选择行为看作是一个受多因素影响的决策行为过程，其中最受关注的是以行为主义理论为基础的部分模型，它们以"刺激—反应"公式作为解释决策行为的依据。但是，相关研究成果中的大多数只局限于旅游目的地选择的微观层面，从综合视角出发的模型较少，其中伍德赛德和莱松斯基模型、厄姆和克朗普顿模型就是综合模型的典型代表。

（一）克朗普顿模型

1997年，克朗普顿就旅游目的地选择过程提出了一个系统模型，他将旅游者的选择划分为两个阶段。首先，人们要决定是否去旅游，如果答案是肯定的，接下来便要决定去哪里。他认为目的地选择可以被定义为感知的限制因素（时间、金钱和经验技能）与目的地形象之间互动的结果。在该理念模型的基础上，厄姆和克朗普顿在1991年提出了一套完善的概念模型，该模型基于外部因素（包括来自社会和市场环境两个方面）、内部因素（个性、动机、价值观和态度）和认知构成三个系列的变量。此外，厄姆和克朗普顿又进一步将该认知评价过程具体划分为如下五个阶段。

（1）通过被动地获取信息成偶然的学习形成对目的地属性的认同。

（2）在做出一般的度假决定之后，对目的地选择过程正式开始（包括对环境制约因素的考虑）。

（3）从简单地产生目的地的意识向旅游动机被激发进而积极主动地选择目的地逐步推进。

（4）通过主动的信息搜寻进而形成对令人产生欲望的目的地属性的信任。

（5）从令人产生欲望的目的地中挑出一个特定的目的地。

（二）伍德赛德和莱松斯基模型

伍德赛德和莱松斯基提出了另一个关于旅游目的地选择的综合模型。这个模型与厄姆和克朗普顿的模型有许多共同之处，即市场变量（市场营销的4P组合）代表外部输入，游客变量（旅游经验、社会人口统计、生活方式和价值观）代表内部输入。同时，伍德赛德和莱松斯基提出从意识到目的地向选择目的地的演进，与厄姆和克朗普顿所提出的从意识域到最终目的地选择域的历程类似。但是，伍德赛德和莱松斯基的方法更为准确，因为对目的地的知觉被视为心理分类的过程，旅游者意识中的目的地可以由此分为考虑域或激活域（自动激起欲望的目的地）、排除域（被拒绝放弃的目的地）、惰性域（未被积极考虑的目的地）、无意识域（不可能被人们知觉意识到的暂时无意义的目的地）、意识域（可被人们知觉的存在于意识范围内的目的地）。另外，他们还指出情感联系、旅游者目的地偏好、游览意愿和情境变量也是影响目的地决策的重要因素。

伍德赛德和莱松斯基认为，旅游者对目的地的知觉意识，尤其是四个域的分类受到了营销组合变量和旅游者（特别是旅游经验）变量的共同影响，而这些影响增加了目的地进入旅游者考虑域的可能性。情感联系通常对一个已处于激活域之中的目的地有着积极的意义，但是对于惰性域中的目的地却起着消极作用。旅游者对特定目的地的偏好取决于该目的地处在其考虑域中的排位顺序，而旅游者对目的地的偏好又直接影响到他们的游览意向。

上述两种模型属于传统的旅游目的地决策模型，这些模型将旅游消费者的决策看作是理性的、次序性的逻辑推理过程。然而，旅游目的地决策的过程并不仅仅是一个程序化的多阶段过程。随着对旅游目的地选择问题研究的深化，传统决策模型的一些缺陷陆续被指出。研究者们认为，对旅游目的地选择的研究不仅要关注对旅游者心理变量的分析，还要注意旅游消费者是怎么形成认知、情感判断、意图、实践和购后评价的。

（三）新的框架体系

1994年，伍德赛德和麦克唐纳采用定性数据描述了休闲观光者如何决策的总体框架，这在一定程度上填补了以往研究的空白。这个系统框架的新颖之处在于，它们区分了旅游中的八类次级的选择域，这些次级的选择域能够被与信息的获知情况和处理结果相关的四个首要的"启动节点"所刺激。双箭头说明了因果关系并不是事先就定了的，而是依每一个旅游者而定的，这与常规的合理性范式形成了鲜明的对照。这个框架为我们提供了洞察的视角，以便了解旅游者怎样决策、旅游团队成员之间如何互动、在愉快的旅途中所发生的彼此相关的活动与事件以及由此而导致的其他活动与事件。这个模型的一个重要假设就是初始旅游选择的激活（源于"触发事件"）随着时间的流逝渐渐发展成相关的具体旅游选择。

二、国内旅游目的地选择模型

目前国内对于旅游者目的地选择的研究成果较为丰富，其中，对于其过程的研究是关注热点之一，已有部分学者将这一过程运用理论模型的方式加以表达和概括，下面介绍三个较有代表性的模型。

（一）机会组合模型

所有客观存在的旅游目的地构成了全部备选机会组合，在全部旅游目的地中，只有旅游者意识到的旅游目的地（感知机会组合）与旅游者经济承受范围内的旅游目的地（可达机会组合）才能进入旅游决策，成为真正备选的旅游目的地（现实机会组合）。现实的机会组合包含较多的备选旅游目的地。旅游消费者要从中筛选出一部分进行选择，然后在选择机会组合中再选定旅游目的地。也就是说,旅游消费者通过比较对各个旅游目的地的感知形象,先从现实机会组合中选出考虑的机会组合,再从考虑机会组合中选出若干偏好的旅游目的地,最后在偏好的旅游目的地中决定实际出游的旅游目的地,即为决策机会组合。

（二）旅游者目的地选择的计划行为理论模型

姚艳虹借鉴消费者计划行为理论,构建了一个旅游目的地选择的模型。在该模型中,最终目的地的确定是在四个层次的影响因素相互作用基础上产生的。第一层次中,意向、情境、旅游群体三个因素均对目的地的确定产生直接影响,但情境、旅游群体是通过对已形成的意向进行干扰,产生与意向不同的目的地选择,干扰的作用与意向的强度成负相关关系。第二层次是意向的影响因素,即态度、主观规则和主观感知的控制程度。第三层次中,对某个目的地而言,只有当旅游者的情感与总利益的得失保持一致,即旅游者认为到某地旅游会满足他的需求、带来价值的同时又非常喜欢此目的地时,才会对其产生强烈的正面态度、引起旅游意向的产生；若两者不一致,那旅游者的态度很可能不明确或提不起兴趣,也不大可能有去此地旅游的意向。同时,他人的参考意见、旅游者对选择行为进行控制的信心通过正相关的关系分别对主观规则和主观感知的控制程度产生直接影响,进而影响去某地旅游的意向。第四层次中,动机、目的地形象、旅游经历对旅游者的情感和选择行为的总利益都有直接影响。最后,目的地确定,旅游归来,旅游者将形成在该目的地旅游的总体感受及评价,这些感受及评价将成为他们旅游经历的一部分,对下一次旅游决策产生影响。

（三）基于"刺激—反应"模型的旅游者目的地选择模型

黄谦基于旅游消费者"刺激反应"购买决策模型,结合前人关于旅游者目的地选择过程的阐述,构建了旅游者目的地选择概念模型。他认为旅游者目的地的选择决策过程可以划分为三个阶段,即产生旅游动机、信息的搜集与分析、最终决策。该模型较为全面而综合地考虑了相关群体因素、情境因素、旅游者心理决策过程以及可能的风险对游客目的地选择行为的影响。

【本章小结】

1. 旅游决策是指个人根据自己的旅游目的,收集和加工有关的旅游信息,提出并选择旅游方案或旅游计划,并最终把选定的旅游方案或旅游计划付诸实施的过程。

2. 旅游决策的过程划分为五个阶段,即旅游需要识别、旅游信息搜寻、旅游方案评估、购买决策实施和购后行为。

3. 旅游决策具有复杂性和偶发性的特征。

4. 旅游决策的影响因素包括旅游服务因素、社会支持因素、个人心理因素、群体支持因素、社会经济因素以及其他因素。

5. 旅游目的地是指能够对一定规模的旅游者形成吸引力，并能够满足其特定旅游目的的各种旅游设施和服务体系的空间集合。

6. 国外旅游目的地的选择模型具有代表性的是克朗普顿模型、伍德赛德和莱松斯基模型及伍德赛德和麦克唐纳模型；国内旅游目的地选择模型较有代表性的有机会组合模型、旅游者目的地选择的计划行为理论模型和基于"刺激—反应"模型的旅游者目的地选择模型等。

【思考与练习】

1. 旅游决策的定义是什么？
2. 旅游消费者做出旅游决策经历哪几个阶段？
3. 什么因素影响着旅游消费者做出决策？

# 第十章

社会因素与旅游消费者行为

【学习目标】
- 掌握并区分社会群体和参照群体的概念和类型
- 了解与旅游消费者密切相关的社会群体的类型
- 运用参照群体的概念,理解参照群体如何在旅游营销中应用
- 了解社会阶层结构的划分方式,以及社会阶层结构与旅游消费行为的关系
- 理解文化和亚文化对旅游消费行为的影响

第一节 社会群体概述

分析旅游消费者行为,离不开社会群体因素对旅游消费者行为的影响研究。古希腊的亚里士多德说"不在社会生存的人,不是禽兽就是神明"。因此,结群是人类生活的基本特征。首先,群体成员在沟通和接触过程中,通过语言、行动等表达个性和思想,在这过程中会相互影响与学习,产生一些共同的信念、态度和规范,它们对消费者的行为将产生潜移默化的影响。其次,每一个群体都存在一定的正式或非正式的规范,这些规范及其压力会促使消费者自觉或不自觉地与群体的期待保持一致,使群体内的消费行为具有一定的共性。比如,旅行团中一些游客的购买行为常影响无购买意愿的游客,使其也发生购买行为等。

一、社会群体的概念

社会群体是人们通过一定的社会关系结合起来进行共同活动和感情交流的集体,是人们生活的具体单位,是组织社会结构的一部分。群体是由一定数量的人结合而成的,但并不是任何一群人都可以称之为群体。社会群体应具备以下的基本特征:

(一) 群体成员需要以一定纽带联系起来

这种纽带可以是以血缘为纽带组成的氏族和家庭，或以地缘为纽带组成的邻里群体，也可以是以业缘为纽带组成的职业群体。

(二) 有明确的成员关系

社会群体的关系分为两个方面：一方面是个体对群体的隶属关系，另一方面是群体内的成员关系。在群体中，任何成员都有自己的角色和地位，并通过角色和地位与其他成员发生一定的关系。

(三) 有共同的群体意识

共同的群体意识是指成员对群体的归属感，有了这种情感，成员才能形成共同的评价与意识，共同的欲求和目标，一致的态度和行为，产生共同的心理感受。在共同心理的支配下，每个成员都能自觉地表现出与群体一致的行为。

(四) 有持续的互动关系

群体成员存在一定的关系并发生一定的交往，而且这种关系和交往并不是临时的，而是保持比较长久的互动情感关系。只有经过一定时间的、相对稳定的、持续的互动，成员才能相互了解，结成稳定的关系。

(五) 有一定的行为准则和规范

群体一旦形成，就需要一定的行为准则来统一其成员的信念价值观和行为，以保障群体目标的实现和群体活动的一致性，这种约束群体成员的准则就是群体规范。

从消费者行为分析角度，研究群体影响至关重要。首先，群体成员在接触和互动过程中，通过心理和行为的相互影响与学习，会产生一些共同的信念、态度和规范，它们对消费者的行为将产生潜移默化的影响。其次，群体规范和压力会促使消费者自觉或不自觉地与群体的期待保持一致。即使是那些个人主义色彩很重、独立性很强的人，也无法摆脱群体的影响。最后，很多产品的购买和消费是与群体的存在和发展密不可分的。比如，加入某一户外探险俱乐部，不仅要参加该俱乐部的活动，而且还要购买与该俱乐部的形象相一致的产品，如印有某种标志的衣服、旗帜、探险器材等。

二、社会群体的类型

(一) 正式群体与非正式群体

根据群体建立的原则和方式的不同，可以把群体分为正式群体和非正式群体。正式群体是指有明确的组织目标，正式的组织结构，成员有着具体的角色规定并为完成组织规定的任务而产生的群体，如学校、工厂、机关等。

非正式群体是指人们在交往过程中，由于共同的兴趣、爱好和看法而自发形成的群体，一般结构比较松散、自由，如学习小组、旅行团俱乐部、粉丝后援会等。

（二）主要群体与次要群体

主要群体或初级群体是指成员之间有经常性面对面的接触和交往，具有亲密人际关系的群体，如家庭、邻里、朋友等，在主要群体中，成员之间不仅有频繁的接触，而且有强烈的情感联系，正因为如此，像家庭、朋友等关系密切的主要群体，对个体来说是不可或缺的。

次要群体以间接交往为基础，是人类有目的、有组织地按照一定社会契约建立起来的社会群体，如党组织、团组织、公司、学校等。次要群体规模一般比较大，人数比较多，群体成员不能完全接触或接触比较少，不容易建立浓厚的情感关系。

（三）隶属群体与参照群体

隶属群体是消费者实际参加或隶属的群体，如家庭、学校等。

参照群体是成员在身份上并不归属但在心理上向往归属的群体。参照群体使成员把该群体作为自己活动的参照点。参照群体可以是自己参加的所属群体，也可以是所属群体以外的群体。消费者希望自己的行为与参照群体一致。比如，一些旅游者想出去旅游但不知道去哪里游玩，此时他们会参照社交网站上旅游达人或者旅行家推荐的旅游目的地、酒店、餐厅、游乐项目等。

三、与旅游消费者密切相关的社会群体

对旅游消费者行为产生多方面影响的社会群体主要包括以下五种基本社会群体。

（一）家庭

家庭是消费者参与的第一个社会群体，也是现代社会的基本细胞。父母、子女是家庭的基本成员。家庭对人的购买行为影响很大，因为人们的价值观、审美观、爱好和习惯多半是在家庭的影响下形成的。另外，家庭还是一个购买决策单位，家庭购买决策既制约和影响家庭成员的购买行为，反过来家庭成员又对家庭购买决策施加影响。

（二）朋友

朋友构成的群体是一种非正式群体，它对消费者的影响仅次于家庭。追求和维持与朋友的友谊，对大多数人来说是工作、学习和心理的多方面的需要。个体可以从朋友那里获得相关利益、友谊、安全。而当个体形成一定的朋友圈子，就成为一种独立、成熟的标志，因为与朋友交往意味着个体与外部世界建立联系，同时也标志着个体开始摆脱家庭的单一影响。

(三) 工作群体

工作群体也可以分为两种类型，一种是正式的工作群体，即由一个工作小组里的成员组成的群体，如同一个办公室里的同事等。另一种是非正式工作群体，即由在同一个单位但不一定在同一个工作小组里工作，且形成了较密切关系的一些朋友组成。由于在休息时间或下班时间，成员之间有较多的接触，所以非正式工作群体如同正式工作群体，会对成员产生影响。尤其是群体内那些受尊敬和仰慕的成员或各种"意见领袖"的消费行为，会对所属成员的消费行为产生重要影响。

(四) 非正式的社会群体

校友会、各种协会、俱乐部等组织，属于非正式的群体。人们加入这类群体可能基于各种各样的目的。有的是为了获取知识，开阔视野，有的为了见识新的朋友，新的重要人物，还有的是为了追求个人的兴趣与爱好。虽然非正式群体内各成员不像家庭成员和朋友那么亲密，但彼此之间有很多沟通、交流的机会。而且往往正是一些共同的兴趣爱好把大家联系起来，形成一个非正式群体，有时比正式群体对成员消费者行为的影响还要大。例如，滑雪俱乐部的成员在购买滑雪服、滑雪鞋等滑雪用品时受俱乐部成员的影响会非常大。

(五) 消费者行动群体

在西方消费者保护运动中，涌现出一种特别的社会群体，即消费者行动群体。它大致可分为两种类型，一种是为纠正某个具体的有损消费者利益的行为或事件而成立的临时性团体；另一种是针对某些广泛的消费者问题而成立的相对持久的消费者组织。因发生旅游交通事故而受伤的游客组成的索赔团体，就属于前一种类型的消费者行动群体。针对旅行社服务而成立的反欺诈组织就属于后一类型的消费者行动群体。大多数消费者行动群体的目标是唤醒社会对有关消费者问题的关注，对有关企业施加压力和促使它们采取措施矫正那些损害消费者利益的行为。

第二节 参照群体与旅游消费者行为

一、参照群体

人们在进行旅游消费决策时往往会征询特定群体的意见。参照群体就是对个人信仰、态度或选择具有重大影响的一种事实上的或想象中存在的人群，也可以描述为"与个人评价、追求或行为有重大相关性的真实的或虚构的个人或群体"。参照群体的范围很广泛，从个人到群体，从父母到亲属、朋友以及某个社会阶层、职业、事业集团、社会甚至是一个国家等都有可能在个体的消费决策中扮演重要角色。

斯福曼和卡那克根据个人与群体的接触频繁度，以及对群体价值观和宗旨的认可度，将参照群体分为以下五类：

（一）交往群体

个人是群体的一员，与群体有着频繁的交往。由于决策者赞成该群体的价值观及标准，群体对个人有着积极的影响。

（二）向往群体

个人与该群体并没有人际交往也不是其中的成员，但是希望加入该群体。这种群体对个人也有积极影响。

（三）间接参考群体

指那些与决策者没有面对面等直接接触的个人或群体（如政治领袖，体育明星等）。

（四）否认的群体

决策者是该群体的成员并与该群体有着密切接触，但是在价值观和行为标准方面存在着很大的分歧。因此，他的行为和态度与群体的准则可能背道而驰。

（五）回避群体

决策者与该群体没有直接联系，不属于该群体，同时也不同意该群体的价值观和行为准则。

二、参照群体的影响方式

参照群体对旅游消费者的影响方式主要有信息性影响、规范性影响以及比较影响。

（一）信息性影响

信息性影响指参考群体通过提供有用的信息为消费者的消费决策提供参考，个人向群体寻求产品和活动相关的信息。如果旅游者认为某个群体提供的信息比较可靠，那么他就会接受群体所提供的信息，群体的行为同时也会影响他对旅游产品或服务的选择。个体旅游消费者不仅可以直接从参考群体那里获得所需的信息，也可以间接通过观察群体其他成员的行为而得到。但是一般情况下，出于信任的需要，旅游者更倾向于通过亲朋好友等私人渠道获得相关的旅游信息，而不是求助于商业信息来源，如广告。

（二）规范性影响

规范性影响指个体消费者担心参照群体针对自身的行为可能给予赞赏或惩罚而选择遵守一定的规范。遵从群体规范是参照群体对个体产生规范性影响的最终目标，因为这意味着消费者将会购买群体所认可的品牌和产品。

（三）比较影响

比较影响是指消费者经常拿自己的态度和行为与那些重要群体的成员进行对比。他们试图通过将自己与所赞同的群体联系起来，或通过将自己与不赞同的群体脱离开来，寻求对自己态度和行为准则的支持。因此，比较影响是建立在个体将自己与群体其他成员做对比并判断是否能够得到群体支持的过程中。与此同时，比较影响也是个体进行自我维护并不断充实自我的过程。

三、参照群体概念在旅游营销中的应用

（一）名人效应

名人或公众人物如影视明星、歌星、体育明星，作为参照群体对公众尤其是对崇拜他们的受众具有巨大的影响力和感召力。对很多人来说，名人代表了一种理想化的生活模式，正因为如此，很多旅游企业花巨额费用聘请名人来促销其产品。

运用名人效应的方式多种多样，如可以用名人作为旅游产品（或旅游目的地）的代言人，即将名人与旅游产品（或旅游目的地）联系起来，使其在媒体上频频亮相。例如携程旅游的代言人邓超，途牛旅游的双代言人林志颖和周杰伦。也可以用名人做证词广告，即在广告中引述旅游产品或服务的优点和长处，或介绍其使用旅游产品或服务的体验。还可以采用将名人的名字使用于旅游产品或包装上等做法。

（二）专家效应

专家是指在某一专业领域受过专门训练，具有专门知识、经验和特长的人。专家所具有的丰富知识和经验，使其在介绍、推荐产品与服务时较一般人更具权威性，从而产生专家所特有的公信力和影响力。例如，旅游景区（景点）在进行营销宣传时，聘请各方面的专家开展专门面向旅游者的讲座、提供建议等一系列活动，利用专家的权威性影响旅游者的决策。

（三）普通人效应

运用满意顾客的证词证言来宣传企业的产品，是广告中常用的方法之一。由于出现在荧屏上或画面上的证人或代言人是和潜在顾客一样的普通消费者，这会使潜在的旅游者感到亲近，从而使广告诉求更容易引起共鸣。一些旅游企业在电视广告中展示普通旅游消费者如何从旅游消费活动中获得乐趣，如何通过旅游企业解决其在旅途中遇到的问题。由于这类广告贴近旅游消费者，反映了旅游消费者的现实生活，因此，它们可能更容易获得认可。

第三节　社会阶层与旅游消费者行为

在一个社会中，社会阶层对一个人如何花钱以及消费选择如何反映其社会地位，都具有深刻的影响，一个人在社会结构中所处的位置不仅决定了他能花多少钱，还决定了他会如何花钱，同样对于旅游消费者行为也是一个重要影响因素。

一般情况下，社会阶层更广泛地被用来描述人的整体社会地位，处于同一社会阶层的人在社会中的地位大致是相同的。每一个社会阶级都表现出独特的生活方式，这种生活方式反映在其特有的不同于其他阶级的价值观念、人际态度和自我知觉中。这些差异使同一社会阶级的成员具有相似的行为模式，而不同的社会阶级则有不同的行为模式，有时甚至截然相反。

一、社会阶层的划分

社会阶级的划分标准通常有两个，一是职业，二是人均或家庭收入。

（一）职业

在一个主要根据职业来定义消费者的社会体系中，职业声望是评价个人是否"有价值"的标准。一般情况下，大型公司的 CEO、医生以及大学教授等自然而然就被划分到高等社会阶层中，而清洁工、建筑工人以及保姆等就被划分为较底层的位置。由于一个人的职业一般与他的空余时间的利用、家庭资源的分配、政治取向等密切相关，这一变量被认为是评价社会阶层最好的指标。

（二）收入

财富的分配决定了哪个团体最有购买力和市场潜力。财富在不同社会阶层中并不是平均分配的。正如"二八定律"所说，处于上层的占总人口 20% 的人控制的资产大约占总资产的 80%。但是收入本身并不能作为判断社会阶层的一个非常好的指标，因为消费方式比消费金额更能说明问题。然而，人们需要金钱来维持他们消费特定产品和服务来传达自身品位的需求，在某种程度上，收入显然仍是非常重要的。

中国社会科学院研究员李培林、张翼将国际上通行的衡量消费水平的恩格尔系数作为消费分层的划分依据，把社会划分为七个阶层，即最富裕阶层的家庭数量占 7.2%、富裕阶层的家庭数量占 10.6%、中上阶层的家庭数量占 17.7%、中间阶层的家庭数量占 22.0%、中下阶层的家庭数量占 19.7%、贫困阶层的家庭数量占 12.9%、最贫困阶层的家庭数量占 9.9%。

以职业区分社会阶层，存在较多争议，更多的人，包括经济学家在内，倾向以收入作为社会阶级划分的唯一标准或主要标准。但即使大家都以经济收入为标准区分也仍存在着众多的不确定性和定量上的混淆。英国社会阶层的参照标准很多很细，不仅关系到职业、收入，还关系到个人兴趣、文化品位以及家庭背景。BBC曾经做过一个英国迄今最大的有关社会阶层的调查，访问了16万人，依据经济资产、社会资产（社会地位、影响力等）和文化资产（兴趣取向等）把英国社会划分成了七个阶层，从BBC的分层来看，中产圈子至少可以包含第二到第四这三个层级的人群。第二层级是世家中产阶层，即财富仅次于精英阶层，经济、社会和文化资本均相当雄厚。这也是各阶层中社交层面最广泛的。占人口的25%，平均年龄46岁。第三层级是技术型中产阶层，即一个规模不大却特色明显的新兴类型。这一阶层社交层面相对有局限并对文化生活追求有限。占人口的6%，平均年龄56岁。第四层级是新型富有工作者，即一个年轻和社会、文化上活跃的新阶层，拥有中等收入和经济资本水平。占人口的15%，平均年龄44岁。

二、社会阶层结构与旅游消费行为

美国人很喜欢关心阶层或者说阶层问题，他们相信上流社会就是到欧洲度假的新教教徒，中产阶层就喜欢到圣法南度谷区观光，劳工阶层总习惯投民主党人的票。

不同的社会阶层会人为或自发地形成区别于其他阶层的消费观念、消费方式和消费文化。受经济水平和意识形态的影响，不同的社会阶层有不同的需求，因而在旅游活动安排和消费决策选择上是有所差别的，从而对旅游消费的态度和看法存在很大的差异。

以美国社会为例。在旅游态度上，下等阶层的收入水平不足以支付旅游花费，一般不会加入旅游者行列中。上层的消费者有很多旅游的时间和财力，但毕竟是少数；中层的消费者是最乐意外出旅游的。在旅游动机上，上层的旅游者比较强调身心健康、社交、注重身份和自我形象，比如去著名的海滩、温泉或费用昂贵的大海中的群岛度假等；而暴发户、富有的纨绔子弟在花费上更加出手大方，更乐于在赌博等娱乐场所一显身手；中等阶层的旅游者则更爱冒险，寻求新奇的经历和体验，乐于参加到非正式的旅行团体中，他们感到自己与国家和整个世界有切身的联系；下等阶层的旅游者则认为到国外或某个遥远的地方去旅游是轻率的、冲动的、不值得的，因而并不会有很大的兴趣，他们理想的度假方式是去国内的某个旅游区，或到附近的度假村里开展旅游活动满足自己的旅游需要。

第四节　文化与旅游消费者行为

一、文化对旅游行为的影响

文化是一个社会的个性符号，不仅包括价值和道德等抽象的概念，还包括社会所生产的真实的物品，如房子、服装、食物、民间艺术等。文化的概念是宽泛的，它涉及价值观、信念、态度和意义象征，这些元素得到一代又一代的传承，强烈影响着人类的行为方式，影响着明确或不明确的行为发展模式。人们生活环境的不同，由此形成的一个个民族独特的心理情感、民族意识和文化氛围，从而在语言、知识、人生价值观、道德观、思维方式、风俗习惯等表现出一定的差异。文化的多样性是旅游发生的重要因素，是构成旅游文化交流与互动的文化条件，不同文化背景的旅游者通常具有不同的旅游动机，从而产生不同的旅游行为。

文化的影响是无形的、潜移默化的，社会文化观念普遍渗透于社会群体每个成员的意识之中，左右着他们看待社会事物和社会活动的态度。以下是几个比较具有代表性的文化的表现形式，其对人们的旅游行为有着深刻的影响。

（一）风俗习惯

风俗习惯反映了一个国家或民族在物质、文化、家庭、婚娶等方面的传统，具体表现在服饰、饮食、建筑、生育、文娱活动、特别节日及禁忌等方面。一个民族的风俗习惯也反映了这个民族的人们共同的心理和情感，人们往往把本民族的独特风俗习惯看成是自己民族的标志，所以在旅游服务中尊重民族风俗习惯是十分重要的。

随着现代社会各民族文化的不断融合，旅游者更倾向于去了解和体验不同民族的风俗习惯。最近几年"农家乐""乡村旅游"等新兴的旅游业态开始出现在人们的眼前，以及之前的"世界公园""民族村"之类的仿古、仿其他民族风俗习惯的旅游产品等日渐丰富起来。这种形式的旅游产品可以让旅游者在旅游的过程中更方便地了解不同地区的民俗文化。

但是作为旅游从业者，文化禁忌是服务接待工作要重视的一个环节。了解一定的民俗习惯是非常有必要的，不仅可以为顾客提供更优质的服务，还可以为自己避免因冒犯旅游者而带来麻烦。

（二）宗教信仰

从历史发展的角度来看，宗教旅游无疑是人类最早的旅游方式之一。宗教信仰是人类精神文化的一种集中体现，而宗教旅游更给旅游者的旅游目的带上一种神圣的色彩，西方的朝圣活动，中国的寺庙祭拜等都是宗教旅游比较常见的形式。同时，由于文化差异使得宗教建筑本身对外教人士而言吸引力十足，有很多游客会去欧洲一些国家参观天主教或基督教教堂并试图参加弥撒等仪式，感受宗教的魅力和神圣。直到现在，唐朝的唐三藏历经数十年去印度取经的奇妙旅行仍让人叹为观止，更不用说每年都有成千上万的人去朝拜"圣地——麦加"，去五台山、普陀寺等进香了。

针对国内目前的情况而言，很多风景名胜区都建有庙宇寺院，尊重游客的宗教信仰，热心为宗教信仰旅游者提供服务，并满足其宗教旅游的一些需求是旅游工作中需要重视的环节。

（三）价值观

价值观是影响旅游者消费心理和行为的重要因素。改革开放以来，中国社会结构发生了深刻的和全方位的变迁，中国居民消费价值观正经历一个传统价值观与现代价值观相互交织、冲突与融合，同时建构具有自身特色消费价值观的过程，中国人勤俭节约的传统消费方式，随着时代的变迁而不断减弱，逐渐呈现出时尚享受的现代消费方式，强烈冲击着城乡居民的旅游消费行为。

洛基奇价值观量表的相关研究表明，旅游消费与价值观显著相关。在旅游消费的档次上，目的性价值观起了很大的作用；在旅游商品的选择上，操作性价值观起着更为重要的作用。Hedlund（2011）基于Schwartz的价值观理论，测量旅游者在普遍主义、仁慈、权力和成就四个方面上的价值观，结果发现旅游者的普遍主义价值观（Universalism）与旅游者愿意以牺牲经济利益来换取环境保护的意愿具有相关性，且环境保护与意愿程度、购买生态旅游产品意图之间都有显著的正相关性。需要补充说明的是，这里所谓的普遍主义的价值观，指的是全人类层面的利他价值观。如平等、社会正义、全人类社会的和平等。与此同时，从国际层面来看，集体主义和个人主义等不同的价值观对旅游活动的选择也有明显影响。例如，崇尚集体主义的东方旅游者较多因家庭团聚、逃避现实等原因而外出旅游，而来自个人主义指数较高的西方旅游者则会因为希望追求新奇的经历，体验不同文化的活动外出旅游。

价值观并不是一成不变的，它会随着时间的推移而发生变化，从而旅游者的消费价值观也会发生变化。随着时间的推移和个人阅历的日益丰富，人们会期望能更多地参与到旅游活动中去，并期望能够在旅游中获得更多不一样的体验。

（四）民族性格和民族审美偏好

中华民族在消费方面集中表现为重积蓄、重计划，在现实的消费中重视购买产品的效用和价值；在审美方面，相对于西方人而言，更加偏好含蓄、柔和的色调,追求庄重大方,在朴素中显出典雅。在社交方面,习惯于保持低调、尽量和别人保持一致,不愿意独处、离群,推崇集体主义,求同心理比较强,旅游消费时容易受众人影响,容易形成从众消费现象。而西方人则更习惯于推理分析,消费上强调个人权利与价值,乐于保持自己独立的形象,优先考虑自己的意见。集体主义和个人主义是中西方之间最明显的差异,这就要求旅游企业能够用全球的视角来看待问题、提供服务、设计旅游产品。比如,为中国游客设计跟团游,对于西方游客则尽量推荐一些自驾游,更加个性化的出行方案。

二、亚文化对旅游行为的影响

在一个国家和社会中,由于国籍、宗教、价值观、地理位置、种族、语言、民族、社会阶层、年龄等因素会在大文化的背景下形成一种特定的更细致的文化,称为亚文化。亚文化是一种社会群体,其成员具有与其他群体相区别的共同信仰和经历,在社会亚文化中的成员一般是典型地遵从自己生活中的总的社会文化价值观,又要恪守他所属亚文化群的独特价值观。每个人都从属于多个亚文化群,其成员身份取决于年龄、种族、民族背景或居住地点等。

从消费者行为的角度对亚文化群的研究主要考察人口统计学特征、心理特征、消费模式、促销方式等。本书主要针对地区、年龄以及性别等方面来探讨亚文化对人们旅游行为的影响。

(一)地域差异与旅游消费行为

城市与乡村由于地理位置、自然资源和经济发展水平不同而产生明显的旅游消费差异。20世纪的都市化运动促进了城市的发展,而旅游业目前的主要客源依然是城市消费者。对于城市旅游者,在旅游目的地选择上,以休闲度假为主,并开始从国内游向出境游过渡,旅游景点则更倾向于自然风光;在出行方式的选择上,开始从跟团游转向自由行。与此同时,城市旅游者对新鲜事物的接受度较高、学习能力较强,获取信息的渠道也更为丰富,比较乐于尝试新奇的旅游体验,国内旅游需求持续释放,大众旅游发展已经从发达城市延伸到三四线城市。相对于城市,随着农村经济水平的提高,乡村旅游者也在迅速增加,他们将学习他们的参照群体(邻近的城镇)的旅游消费方式,根据历年《中国旅游统计年鉴》,我国旅游人均消费稳定增长,其中农村居民旅游花费增幅较大,在出行方式选择方面更多还是以家庭游和跟团游为主。此外,在中国,西部和东部、南方和北方、沿海与内陆、山区与平原等地区的旅游者在饮食文化和生活习惯方面也存在比较大的差异。旅游从业者要注意不同地区居民不同的旅游文化动机,精准地进行市场细分,针对性地提供相应的旅游产品,同时也要注意不同地区的文化差异,尊重各自的文化传统和生活习惯。

当我们去一个地方旅游的时候，经常会从当地购买一些"特产"作为"伴手礼"带回去送给朋友和家人。比如，去厦门时我们会买"凤梨酥"，去青岛会买"鱿鱼丝"等，这种在旅游地所购买的有形的商品就是文化旅游商品。旅游者参加旅游的主要动机在于观赏、参与和体验旅游地的文化风情，包括对旅游地的自然景观、当地居民的生活方式、文化活动等有着浓厚的兴趣。旅游者购买文化旅游商品主要不是为了商品的使用价值，而是文化旅游商品本身所代表的纪念意义、所蕴含的文化价值及其象征的阅历、品位和身份等。

旅游企业可以针对不同地区的特色文化进行实地调研，研发具有地区文化特色的旅游产品。

（二）代际差异与旅游消费行为

旅游消费者成长的年代使他们与其他数百万同时代的人产生共同的文化纽带，随着年龄的增长，为了与同龄人保持一致，人们的需要和偏好会发生相应的变化，在其他条件相同的情况下，同一年龄段的人可能与同龄人有着共同的消费特点和旅游偏好。一般情况下，人们习惯于按照年龄将人划分为儿童、青少年、中年、老年等四个人生阶段。旅游营销者应使用年龄群体的语言与他们沟通，这样更容易取得他们的信任，使得他们对你的旅游产品感兴趣。

儿童期是获取知识、塑造人格、形成价值观的关键时期，儿童这一群体的旅游行为和需求具有特殊性，目前儿童旅游市场呈现出"影视+教育+体验+技术+旅游"等多产业融合的发展态势。与此同时，70后、80后和部分90后作为亲子游消费的主力军，其育儿方式和育儿观念的转变以及全面放开的二胎政策，为亲子游市场带来了长期利好，儿童经济发展形势大好。

青少年消费者往往在旅游中求新求异，追求户外冒险型、浪漫冲动型旅游消费。当时由于受计划生育政策的影响，青少年群体大多是独生子女，日常花销较为大方，不太有经济负担，消费欲望也非常强烈。超前消费是他们的重要特点，喜欢在旅游中表现自己，吸引异性的注意。同时，因为赶上互联网浪潮和经济全球化的大好形势，该群体获取信息的渠道更丰富，学习能力较强，在旅游活动中比较追求品质，旅游活动较为频繁。

中年消费者正处于一生中的黄金时期，相比于青少年消费群体，生活阅历较为丰富，家庭观念较重，分辨是非的能力更强，经济负担较重但收入来源稳定。进行旅游消费时比较偏理性，讲求旅游产品的实际效用，比较看重性价比。但是在行为、思维方式方面会比较尊重传统习惯。

老龄化是当今社会发展进步的一种标志，随着人口老龄化加快和生活水平的提高，老年消费群体越来越受到人们的重视。由于该群体具备充足的闲暇时间和较高的可支配收入，旅游需求不断提升。老年人由于生理、心理、阅历等情况与其他年龄人群有很大差异，对其进行旅游消费需求特征、出行习惯进行分析，发现老年旅游者外出旅行时以观光旅游为主，注重情感的回归；追求实惠，产品忠诚度高；安全优先，对旅游服务要求高；追求出行舒适，行程以短、平、缓为主；对食宿要求较为特殊；以跟团游为主，注重旅行社品牌信誉度；时间充裕，淡季出游，根据实际需要，选择气候适宜的目的地。

近年来我国人口老龄化加快，人口老龄化的加速推进，为老年旅游市场带来了巨大的利好机遇，健康旅游、养生旅游、养老旅游及老年人休闲、度假等市场需求将不断升级。如何把握养老旅游市场的发展趋势给旅游企业的发展提出了机遇和挑战。

（三）性别与旅游消费行为

男性与女性在生理上的差别造就了两者各自不同的亚文化特征。一般情况下，女性旅游者在消费过程中，更注重外观及款式，相对于男性而言，感性消费的次数较多。在旅游记忆中，女性比男性对细节的记忆能力更强。或者说女性旅游者的心思更为细腻。进行消费决策时，男性一般不会主动收集和了解产品信息，决策比较果断，出手比较大方，一般不会斤斤计较，往往是大宗的金钱消费决策者。有学者研究指出女性旅游者对旅游商品的购物偏好明显高于男性，同时女性游客对异地的风土人情和登山疗养的旅游偏好高于男性游客，而男性更倾向于丛林探险等一类的活动。

【本章小结】

1. 社会群体是人们通过一定的社会关系结合起来进行共同活动和感情交流的集体，是人们生活的具体单位，是组织社会结构的一部分。

2. 社会群体应具备以下基本特征，即群体成员需要以一定纽带联系起来、有明确的成员关系、有共同的群体意识、有持续的互动关系以及有一定的行为准则和规范。

3. 社会群体可以划分为正式群体与非正式群体，也可以划分为主要群体与次要群体或隶属群体与参照群体。与旅游消费者行为密切相关的社会群体主要包括以下五种基本社会群体，即家庭、朋友、工作群体、非正式的社会群体以及消费者行为群体。

4. 参照群体就是对个人信仰、态度或选择具有重大影响的一种事实上的或想象中存在的人群。参照群体的存在会对其成员产生一种无形的压力，影响着个体旅游消费者的相关决策，主要的影响方式有信息性影响、规范性影响和比较影响。参照群体概念在旅游营销中的应用，可以概括为三大效应，即名人效应、专家效应和普通人效应。

5. 社会阶层被认为是在一个社会中一种相当长期地对人的分类。每个属于同样社会阶层的个体有着相似的价值观、生活方式和行为准则。

6. 文化对旅游消费行为的影响是自然而微妙的，通常通过风俗习惯、宗教信仰、价值观念、民族性格等体现出来。亚文化通常是由于国籍、宗教、价值观、地理位置、种族、语言、民族、社会阶层、年龄等因素又会形成一种特定的更细致的文化。

【思考与练习】

1. 社会群体的定义是什么？
2. 试分析参照群体如何影响旅游消费者的决策。
3. 简述文化和亚文化对旅游消费者行为的影响。

参考文献

[1] 吕勤,徐施.旅游心理学[M].北京:北京师范大学出版社,2010.
[2] [美]梅奥,[美]贾维斯.旅游心理学[M].天津:南开大学出版社,1987.
[3] 李志飞.旅游消费者行为学[M].武汉:华中科技大学出版社,2017.
[4] 王曼,白玉苓.消费者行为学[M].北京:机械工业出版社,2018.
[5] [美]理查德·格里格,[美]菲利普·津巴多.心理学与生活[M].北京:人民邮电出版社,2003.
[6] 马谋超,高云鹏.消费者心理学[M].北京:中国商业出版社,1997.
[7] [美]伯格.人格心理学[M].北京:中国轻工业出版社,2010.
[8] [美]戴维·迈尔斯.社会心理学[M].北京:人民邮电出版社,2006.
[9] 李昕,李晴.旅游心理学基础[M].北京:清华大学出版社,2006.
[10] 李昕.实用旅游心理学教程[M].北京:中国财政经济出版社,2001.
[11] 李祝舜.旅游心理学[M].北京:机械工业出版社,2005.
[12] 刘纯.旅游者行为与旅游业组织行为[M].北京:高等教育出版社,2007.
[13] 刘纯.旅游心理学[M].北京:科学出版社,2004.
[14] 娄世娣.旅游心理学[M].河南:郑州大学出版社,2006.
[15] [美]罗伯特·费尔德曼.普通心理学[M].北京:人民邮电出版社,2004.
[16] 吕勤.旅游心理学[M].重庆:重庆大学出版社,2007.
[17] 马莹.旅游心理学[M].北京:中国旅游出版社,2007.
[18] 孟昭兰.情绪心理学[M].北京:北京大学出版社,2005.
[19] 彭聃龄.普通心理学[M].北京:北京师范大学出版社,2004.
[20] 孙喜林.旅游心理学[M].广州:广东旅游出版社,2002.

[21] 孙嘉林. 旅游心理学 [M]. 大连：东北财经大学出版社，2004.

[22] 所罗门，卢秦宏，杨晓燕. 消费者行为学 [M]. 北京：中国人民大学出版社，2009.

[23] 屠如骥等. 现代旅游心理学 [M]. 山东：青岛出版社，1997.

[24] 徐栖玲. 酒店服务案例心理解析 [M]. 广东：广东旅游出版社，2003.

[25] 薛群慧. 旅游心理学理论·案例 [M]. 天津：南开大学出版社，2003.

[26] 游旭群. 旅游心理学 [M]. 上海：华东师范大学出版社，2003.

[27] 袁方. 社会研究方法教程 [M]. 北京：北京大学出版社，2004.

[28] 黎耀奇，关巧玉. 旅游怀旧：研究现状与展望 [J]. 旅游学刊，2018，33（02）：105-116.

[29] 吴炆佳，孙九霞. 旅游地理视角下记忆研究的进展与启示 [J]. 人文地理，2018，33（06）：18-27.